나는 내 뜻대로 결정하는가

경제학에서의 개인

이상훈

도서출판 해남

나는 내 뜻대로 결정하는가

경제학에서의 개인

초판1쇄 인쇄 2025년 2월 6일
초판1쇄 발행 2025년 2월 13일

저 자 이상훈
발행인 노현철
발행처 도서출판 해남

출판등록 1995. 5. 10 제 1-1885호
주 소 서울특별시 마포구 마포대로8길 9 영명빌딩 405호
전 화 739-4822
팩 스 720-4823
이 메 일 haenamin30@naver.com
홈페이지 www.hpub.co.kr

ISBN 978-89-6238-192-4 93320

머리말

저자의 학부 시절 “사회 구조와 자율성”이라는 교양과목을 수강하였다. 당시 독일에서 귀국한 젊은 교수의 열강이 인상 깊게 기억에 남아 있다. 그 과목의 핵심 주제인 사회 구조와 개인의 자율성, 그리고 이들 간의 관계는 이후 저자의 학술적 관심사로 지금까지 남아 있다. 학부 시절 역사학과 사회학, 경제학과 신학 등 다양한 과목을 통해 개인과 사회, 개인과 구조, 구성원과 집단은 어떻게 상호작용하는지 이해하고자 하였다. 학부 졸업 이후 석사와 박사 과정을 거치면서 기업을 대상으로 이러한 관심은 이어졌다. 기업지배구조, 기업의 조직 구조와 구성원의 관계는 석사 논문과 박사 논문을 관통하는 주제였다.

박사 학위 과정을 마치고 교수로 임용된 이후 진화생물학, 신경과학과 유전학 등 다양한 자연과학을 접하면서 개인과 집단에 관한 관심은 유지되었다. 자연 생태계도 인간 사회와 마찬가지로 다양한 집단 현상들이 발견된다. 또한 경제학을 포함하여 철학과 심리학, 사회학 등 인문사회과학을 통해 개인과 구조에 대한 다양한 관점을 접하게 되었다. 선후배 경제학자들과 다양한 그룹 세미나를 통하여 학습하면서 경제사상 속에서 개인과 사회에 대한 여러 관점을 정리할 수 있었다. 그리고 저자가 재직 중인 학교에서 타 학과 교수들과 함께 세미나를 하면서 학문 분야의 경계를 넘어서 많은 학문적 쟁점에 대한 이해를 깊게 할 수 있었다.

학부 시절 갖게 된 관심은 석사와 박사 시절, 그리고 교수로서 본격적인 학술 작업을 시작한 이후 지금까지 저자의 마음에 항상 남아 있었다. 이 책은 개인과 사회, 개인과 집단, 주체와 구조에 대해 지금까지 유지된 학술적 관심사를 정리한 결과이다. 다양한 이야기를 일관된 방식으로 정리하는 것은 쉽지 않았다. 아직 생각이 완전히 정리된 것도 아니다. 머릿속에 떠다니는 주제를 한번 정리하고자 무리한 시도를 하였다. 결론적으로 신고전파 경제학의 합리적 개인 개념에 대한 비판이 이 책을 관통하는 주제이다. 개인을 합리성으로 설명하는 것은 너무 단순한 설명이다. 개인은 복잡하다. 집단이 복잡하듯 개인도 복잡하다. 개인은 집단이고, 집단은 개인이다.

운 좋게도 연구년 1년간 미국 University of Utah에서 방문학자로 지내면서 저술에 집중할 기회를 얻게 되었다. 함께 시간을 보내며 응원해 준 가족과 사랑을 보내준 부모님께 고마움을 표하고 싶다.

2025년 1월

미국 유타에서

차례

머리말 i

차례 iii

| 제1장 | **들어가며** 1

나는 내 뜻대로 분노하는가? 3

범죄의 책임은 누가 지는가? 4

나는 내 뜻대로 결정하는가? 6

책의 내용 7

좀 더 탐구하고 싶은 독자에게 8

| 제2장 | **근대 사상가들이 생각한 '개인'** 11

근대 이전의 개인 13

스스로 생각하는 주체, 개인의 등장 14

이성적인 합리론 16

관찰하는 경험론 19

통합하는 관념론 23

구조가 만든 개인, 구조주의 25

| 제3장 | **경제학의 흐름을 파악하자** 31
고대와 중세 경제사상 34
자본주의와 함께 등장한 고전파 경제학 37
자본주의에 대한 상반된 입장, 마르크스 경제학과 신고전파 경제학 39
자본주의를 위기에서 구출한 케인스 경제학 43
방법론적 개인주의 vs 방법론적 전체주의 46

| 제4장 | **호모 이코노미쿠스 신화** 51
호모 이코노미쿠스의 탄생 53
주관적 심리에서 객관적 선택으로 55
합리적 개인은 합리적인가? 60
현실 속의 개인은 합리적 개인인가? 63
상호작용과 게임 이론 65
행동경제학의 도전 68

| 제5장 | **합리적으로 비합리적인** 71
합리적 개인에 대한 방어 73
행동경제학의 비합리적 개인 75
손실회피 현상 76
비합리적 할인율 78
접근성 편향 79
대표성 편향 80
프레이밍 효과 81
행동경제학의 이중 시스템 이론 82
여전히 호모 이코노미쿠스 85

나를 나답게 만드는 것은 무엇인가? 87
시간이 흘러도 나는 여전히 같은 개인인가? 88

| 제6장 | **사회적 선호** 93
최후통첩 게임 95
사회적 선호 97
강한 상호성 99
강한 상호성 실험 – 최후통첩 게임, 독재자 게임, 공공재 게임 100
다시 사회적 선호에 대해 104
강한 상호성 논쟁 108
학습 가설과 착각 가설 109

| 제7장 | **진화적 기원을 찾아서** 115
진화와 선별 117
개인에게 이득이 되는 이타적 행동? 118
개인 선별 119
친족 선별 가설 120
집단 선별 122
유전자–문화 공진화 123
문화 전수 125
진화심리학의 비판 127
부적응 가설 128
강한 상호성 이론의 반박 130
사회적 처벌의 진화 133

| 제8장 | **중요한 것은 절차와 과정** 135
사이먼의 절차적 합리성 137
볼스와 긴티스의 과정 관련 선호 139
타일러의 과정 효용 140
프라이의 절차 효용 141
노동의 효용 143
베블런의 장인정신 144
밀의 효용 이론 146
스미스의 『도덕감정론』 148
벤담의 공리주의와 센의 비판 150

| 제9장 | **개인인가 집단인가** 153
개인 선별과 집단 선별 155
다수준 선별 가설 157
선구자 다윈의 생각은? 158
집단 선별 압력 160
유전자-문화 공진화 161
선별 단위의 어려움 161
공생체의 선별 163
유기체와 다수준 선별 164
진화와 경제학 165
성 선별 가설 168

| 제10장 | **내 마음의 신경 회로** 171
신경 네트워크 173

신경경제학 174
이타적 본성과 최후통첩 게임 176
신뢰 게임 178
소비 결정 180
가치와 학습 182
소비와 가치 부여 183
평판 효과와 시점 간 선택 185
인간의 성장과 사회적 선호 186
마음 이론 187
정신화 190

| 제11장 | **본성인가 양육인가** 193
본성보다 양육? 195
본성과 양육의 공동 역할 197
비어 있지 않은 빈 서판 198
의사 결정과 유전 199
정신질환 연구 200
신경전달물질, 신경조절물질, 호르몬 201
최후통첩 게임 203
독재자 게임 204
신뢰 게임과 유전자 206
유전경제학 207
유전과 경제 208
유전경제학과 윤리 209
다시 본성 vs 양육 논쟁 210

| 제12장 | **내 안에 또 다른 나** 213
다중 자아 215
철학과 다중 자아 216
심리학과 다중 자아 219
이중 언어와 이중 자아 220
경제학과 다중 자아 221
신경경제학과 시점 간 선택 224
신경경제학과 시점 간 선호 불일치 226
사회적 선호와 다중 자아 227
사회적 선호와 신경경제학 228
신경경제학과 다중 자아 229
다중 자아 이론? 230

| 제13장 | **개인과 집단** 233
다중 자아의 의사 결정 235
주인-대리인 문제 236
의식과 무의식 238
개인과 집단의 생물학적 경계 239
집단의 영향 241
타인을 의식하는 뇌 243
거울 뉴런 244
경제학에서 개인과 집단 246
기업지배구조 248
기업과 진화 250

| 제14장 | **나오며** 253

근대 사상가들이 생각한 '개인' 255

경제학의 흐름을 파악하자 255

호모 이코노미쿠스 신화 256

합리적으로 비합리적인 257

사회적 선호 257

진화적 기원을 찾아서 258

중요한 것은 절차와 과정 259

개인인가 집단인가 259

내 마음의 신경 회로 260

본성인가 양육인가 260

내 안에 또 다른 나 261

개인과 집단 262

경제학에서의 개인 262

참고문헌 265

찾아보기 273

Table of Contents

Preface i
Table of Contents iii

| Chapter 1 | Introduction 1
Am I angry at my own will? 3
Who is responsible for a crime? 4
Am I in control of my decisions? 6
What's in the book 7
For readers who want to dig a little deeper 8

| Chapter 2 | Philosophical Background 11
Pre-Modern Conceptions of the Individual 13
The rise of the individual, the self-thinking entity 14
Rational Rationalism 16
Observational empiricism 19
Unifying Idealism 23
Individuals created by structure, structuralism 25

| Chapter 3 | History of Economics 31
Ancient and Medieval Economic Thought 34
Classical Economics that emerged with capitalism 37
Opposing views on capitalism, Marx Economics and Neoclassical Economics 39
Keynesian Economics rescued Capitalism from Crisis 43

Methodological individualism vs.
methodological holism 46

| Chapter 4 | Homo Economicus Myth 51
The birth of Homo economicus 53
From subjective psychology to objective choice 55
Is a rational individual rational? 60
Are individuals in the real world rational? 63
Interactions and game theory 65
The challenge of behavioral economics 68

| Chapter 5 | Rationally Irrational 71
Defense of Rational Individuals 73
Irrational Individuals in Behavioral Economics 75
Loss aversion 76
Irrational discount rates 78
Availability bias 79
Representativeness heuristic 80
Framing effect 81
Dual Systems Theory in Behavioral Economics 82
Still homo economicus 85
What makes me who I am? 87
Am I still the same individual over time? 88

| Chapter 6 | Social Preferences 93
Ultimatum game 95
Social Preferences 97
Strong Reciprocity 99
Strong Reciprocity - Ultimatum game,

Dictator game, & Public goods game 100
Back to social preferences 104
Strong reciprocity debate 108
Learning and Illusion hypothesis 109

| Chapter 7 | **Evolutionary Origin** 115
Evolution and Selection 117
Altruistic behavior that benefits the individual? 118
Individual Selection 119
The kin selection hypothesis 120
Group Selection 122
Gene-culture coevolution 123
Culture transfer 125
Criticisms of evolutionary psychology 127
Maladaptation hypothesis 128
Refutation of strong reciprocity theory 130
Evolution of social punishment 133

| Chapter 8 | **Procedural Utility** 135
Simon 137
Bowles and Gintis 139
Tyler 140
Frey 141
Utility of Labor 143
Veblen 144
Mill 146
Smith 148
Bentham and Sen 150

| Chapter 9 | **Multilevel Selection** 153
Individual Selection and Group Selection 155
Multilevel Selection hypothesis 157
What did Darwin think? 158
Group selection pressure 160
Gene-culture coevolution 161
Difficulty with selection units 161
Symbiont selection 163
Organisms and multilevel selection 164
Evolution and Economics 165
Sex Selection Hypothesis 168

| Chapter 10 | **The Nervous System** 171
Neural Networks 173
Neuroeconomics 174
Altruism and the Ultimatum Game 176
Trust game 178
Consumption decisions 180
Value and learning 182
Consumption and valuation 183
Reputation effects and Intertemporal choice 185
Human growth and social preferences 186
Theory of Mind 187
Mentalization 190

| Chapter 11 | **Nature or Nurture** 193
Nurture over nature? 195
The role of nature and nurture 197
Non-empty blank slate 198

Decision making and heredity 199
Psychiatric research 200
Neurotransmitters, neuromodulators, and hormones 201
Ultimatum game 203
Dictator game 204
Trust game and gene 206
Genoecomics 207
Gene and Economy 208
Genoecomics & Ethics 209
The nature vs. nurture debate again 210

| Chapter 12 | **Multiple Selves** 213
Multiple Selves 215
Philosophy and multiple selves 216
Psychology and multiple selves 219
Bilingualism and dual selves 220
Economics and multiple selves 221
Neuroeconomics and intertemporal choice 224
Neuroeconomics and inconsistency in intertemporal choice 226
Social preference and multiple selves 227
Social preferences and Neuroeconomics 228
Neuroeconomics and multiple selves 229
Multiple Selves Theory? 230

| Chapter 13 | **Individuals and Groups** 233
Multi-self decision making 235
Principal-agent problems 236

	Conscious and unconscious	238
	Biological boundaries between individuals and groups	239
	Influence of groups	241
	The mindful brain	243
	Mirror neuron	244
	Individuals and Groups in Economics	246
	Corporate Governance	248
	Firms and Evolution	250
| Chapter 14 |	**Conclusion**	253
	Philosophical Background	255
	History of Economics	255
	Homo Economicus Myth	256
	Rationally Irrational	257
	Social Preferences	257
	Evolutionary Origin	258
	Procedural Utility	259
	Multilevel Selection	259
	The Nervous System	260
	Nature or Nurture	260
	Multiple Selves	261
	Individuals and Groups	262
	The Individual in Economics	262
	References	265
	Index	273

chapter 01

들어가며

나는 내 뜻대로 분노하는가?
범죄의 책임은 누가 지는가?
나는 내 뜻대로 결정하는가?
책의 내용
좀 더 탐구하고 싶은 독자에게

나는 내 뜻대로 결정하는가? 여러 경제학파 중 신고전파 경제학은 당연히 내 뜻대로 결정한다고 생각한다. 사람들은 본인이 원하는 만큼 소비하고 원하는 만큼 생산한다. 정말 그런가? 사실 나도 내 마음을 모르는 경우가 많다. 내가 원하는 것이 이것인지 저것인지 잘 모르는 경우가 흔하다. 또한 주변 사람들이 아무도 만류하지는 않지만 내가 원하는 대로 하다가는 사람들이 싫어할 것 같아서 포기하는 때도 많다. 도대체 나는 어떻게 결정하는가?

나는 내 뜻대로 분노하는가?

우리는 가끔 분노한다. 갑질하는 상사에 대해서 분노하고, 이간질하는 친구에 대해서 분노하고, 반칙을 저지르는 스포츠 선수를 보면 분노하고, 부정행위를 덮으려는 정치인에 대해 분노한다. 생각해 보니 우리는 사실 자주 분노한다. 아무튼 분노를 느끼면 신체에 변화가 일어난다. 예를 들어, 분노를 느끼면 심장이 빨리 뛴다.

뇌에서 분노가 느껴지면 심장에게 빨리 뛰라고 지시를 내린다. 하지만 최근 연구[1]에 따르면, 과학자 중에는 다르게 생각하는 사람들이 있는 듯하다. 실험실에서 생쥐의 심박수를 인위적으로 올렸다. 그랬더니 생쥐는 분노 행위를 보여 준다. 정신의 변화가 심장에 영

1 Hsueh *et al.*(2023).

향을 주는 것이 아니라 심장 활동이 정신에 영향을 미친다. 거꾸로 심장을 느리게 뛰게 하면 분노가 줄어든다는 것이다. 그렇다면 분노 조절장애는 심박수 낮추는 약으로 치료할 수 있지 않을까?

내가 분노를 느끼는 것은 내 마음속의 일이다. 내 의식과 정신이 분노를 느끼고, 내 신체는 그것에 대해 반응하는 것이다. 이것이 일반적인 상식이다. 그러나 과학의 발달로 인해 이러한 상식이 흔들리고 있다. 내 의식이 나의 신체를 통제한다는 생각은 사실의 일부일 뿐이다. 특히, 최근 신경과학의 발달은 의식과 신체에 대한 다양한 진실을 밝혀 준다.

범죄의 책임은 누가 지는가?

우리는 뉴스를 보다가 분노를 느끼기도 한다. 나와 무관한 뉴스라도 말이다. 분노가 일어나는 대상 중에 범죄자가 있다. 엄청난 살인을 저지르고도 너무나도 태연한 범죄자와 착하게 살기만 하였던 피해자, 이런 뉴스를 보면 누구나 분노가 일어난다. 범죄자에게 중형이 내려지기를 원한다. 범죄자는 자신의 의지에 따라 범죄를 저질렀으므로 그에 합당한 처벌을 받아야 한다. 이래야만 법치 국가의 정의는 살아 있다. 그런데 범죄자는 자신의 의지에 따라 범죄를 저지른 것인가?

책임이 없으면 형벌도 없다. 이것이 형사상 책임 원칙이자, 법치 국가의 기본 원리이다. 범죄자는 본인이 저지른 범죄에 대해 책임지고 벌을 받는다. 다만 예외는 있다. 심신장애자는 책임을 면한다. 본인의 뜻에 따라 범죄를 저지른 것이 아니기 때문이다. 법에서 상정하는 책임 주체는 조건이 붙는다. 이성적인 개인이어야 한다. 이성적이고 합리적인 개인이 남을 해칠 의도를 가지고 범죄를 저지른다. 이것이 법에서 상정하는 범죄의 책임 주체이다.

범죄의 책임은 이성적이고 합리적인 상태의 범죄자 개인이 져야 한다. 즉, 법에서 책임을 지는 주체는 본인의 뜻대로 행동하는 합리적 개인이다. 술에 취한 상태는 이성적이고 합리적인 상태가 아니다. 그래서 예전에는 술에 취해 범죄를 저지르는 경우 감형되었다고 한다. 물론 미디어를 통해 접한 이야기이기에 왜곡이 있을지도 모른다. 술에 취해 이성을 잃는 경우와 비슷한 다른 가상의 경우를 생각해 보자. 만약 어떤 사람이 심박수를 올리는 약을 먹고 분노를 강하게 느껴서 지나가는 사람에게 해를 입혔다고 하자. 논리적으로 생각하면, 이 상황은 이성적인 정신 상태가 아니다. 따라서 본인의 뜻에 따라 저지른 범죄도 아니다. 이 사람은 어떤 처벌을 받아야 하는가?

합리적이고 정상적인 정신을 가진 개인이 범죄를 저지르면 책임을 져야 한다. 이것이 법의 기본적인 원칙이다. 그런데 앞에서 보았듯이 이 원칙은 단순하지 않다. 일반적으로 사람들은 이성적이고 합리적인 인간인가? 언뜻 생각하면 그런 것 같기도 하다. 하지만 철학, 심리학, 정신분석학, 신경과학 등 여러 분야의 학자들 생각은 좀 다른 것 같다.

나는 내 뜻대로 결정하는가?

누구나 자신의 자유 의지에 따라 의사 결정을 한다. 오늘 점심 식사는 어떻게 할지, 무슨 색의 옷을 입을지 등 일상생활 속의 문제들로부터, 어느 학교 또는 직장을 선택할지, 어떤 집에 살지, 누구와 결혼할지 등 평생에 걸쳐 인생의 커다란 문제들까지 끊임없는 의사 결정의 순간들을 맞이하게 된다. 이렇게 끊임없이 결정하는 나는 내 의지에 따라 결정하는가? 나에게 자유 의지는 있는가?

법에 상정된 이성적이고 합리적인 개인은 경제학에서도 발견된다. 신고전파 경제학에서 개인은 주어진 정보 아래에서 일관된 결정을 하는 합리적 개인이다. 소비자는 어떤 상품의 가격이 오르면 소비를 줄이고, 가격이 내리면 소비를 늘리는 합리적 소비자이다. 생산자는 가격이 오르면 생산을 늘리고, 가격이 내리면 생산을 줄이는 합리적 생산자이다. 이러한 합리적 개인 가설은 생각보다 허점이 많고 비판도 많이 받는다.

최근 대중에게도 많이 알려진 행동경제학은 이러한 전통적인 합리적 개인 개념에 반론을 제기한다. 인간은 판단하고 의사 결정을 할 때 무수히 많은 편향을 지니고 있다. 합리적 개인은 이론에서만 존재할 뿐이다. 진화경제학에서는 행동경제학에서 제시하는 인간 판단의 편향이 진화적 근거가 있음을 밝히고 있다. 진화 과정을 통해 나타난 현재 인류는 유전자에 비합리적 편향을 장착하고 있다. 신경경제학에서는 신경과학을 활용하여 이러한 주장을 입증하는 연구가 많이 나오고 있다. 자기 뜻대로 판단하고 결정하는 합리적 개인 개념은 이제 설득력이 약하다.

책의 내용

이 책에서는 개인이란 무엇인가, 개인의 의사 결정은 어떻게 이루어지는가, 개인과 집단의 관계는 무엇인가 등 여러 질문을 던진다. 경제학뿐 아니라 철학, 심리학, 사회학, 인류학, 진화생물학, 신경과학, 유전학 등 다양한 학문 분야의 연구 성과들을 탐구하여 개인과 의사 결정에 관한 문제를 검토하고자 한다.

이 책의 앞부분에서 철학적 배경(제2장)과 경제학적 배경(제3장)을 간단히 훑어보고 신고전파 경제학에서 묘사하는 개인(제4장)을 살펴본다. 신고전파 경제학의 개인 개념에 대해 경제학 내에서 많은 비판이 있었다. 행동경제학(제5장, 제6장)과 진화경제학(제6장, 제7장)이 대표적이다. 과정과 절차의 중요성을 주목하는 이론(제8장)도 결과에 집중하는 신고전파 경제학을 비판한다.

이 책의 뒷부분에서 진화경제학, 신경경제학, 유전경제학에 영향을 미친 진화론(제9장), 신경과학(제10장), 유전학(제11장)의 개인 개념을 살펴본다. 주로 논쟁을 중심으로 소개할 것이다. 이는 기존 신고전파 경제학의 약점을 명확하게 보여 준다. '다중 자아' 문제(제12장)와 '개인 대 집단' 논쟁(제13장)은 인문사회과학과 자연과학 전 분야에 걸쳐 중요한 쟁점이다. 경제학에서의 개인 개념을 재검토하는 데 도움을 줄 것이다. 마지막으로 전체적인 요약과 결론(제14장)을 통해 책 전체의 내용을 정리한다.

좀 더 탐구하고 싶은 독자에게

이 책은 일반인과 대학생을 대상으로 하고, 학술적인 내용을 담고 있다. 이 책에서 언급하는 학술적인 내용을 직접 확인하고 깊게 탐구하고 싶은 독자라면 논문과 학술서적 등 관련 문헌을 추가로 살펴보면 도움이 될 것이다. 그런 독자에게 도움이 될 만한 참고문헌을 소개하고자 한다.

제2장은 철학적 배경, 특히 근대 사상을 간단히 다루었다. 시중에 나와 있는 다양한 철학사 개론 서적이 깊이 있는 이해를 도울 것이다. 제3장과 제4장은 경제학설사 또는 경제사상사 서적과 함께 읽으면 좋을 것이다. 제5장은 행동경제학을 소개하는 서적이 도움이 되는데, 국내 서적으로는 『홍훈 교수의 행동경제학 강의』를 추천한다.

제6장에서 제10장까지는 저자의 연구를 바탕으로 작성하였다.

2014년 논문 「인간의 협조적 행위와 강한 상호성에 대한 문헌연구」는 제6장, 제7장, 제9장의 기반이 되었고, 2019년 논문 「진화 이론과 신경과학을 통해 본 아담 스미스」는 제8장과 제10장의 많은 부분을 채웠다. 또한 제8장은 2010년 학술회의 발표 논문 "Procedural Utility Theory in Historical Perspective"가 중심 내용이다. 『최근 경제학의 10가지 흐름』(2024)에서 저자가 저술한 제5장 진화경제학, 제6장 신경경제학, 제7장 유전경제학은 이 책의 제7장과 제9장, 제10장, 제11장의 내용을 학술적으로 이해하는 데 도움이 될 것이다.

제12장 다중 자아, 제13장 개인 대 집단 논쟁은 학술적으로 수많은 학자의 연구가 배경이 되었다. 제12장과 제13장을 포함해서 이 책의 전반적인 내용과 관련하여 도움이 될 만한 외국 경제학자로는 데이비스(J. B. Davis, 1947~) 교수가 있다. 그의 책 *The Theory of the Individual in Economics: Identity and Value*(2003)와 *Individuals and Identity in Economics*(2011)는 이 책과 같은 주제를 좀 더 학술적으로 다루고 있다.

chapter 02

근대 사상가들이 생각한 '개인'

근대 이전의 개인

스스로 생각하는 주체, 개인의 등장

이성적인 합리론

관찰하는 경험론

통합하는 관념론

구조가 만든 개인, 구조주의

경제학에서 다루는 개인을 이해하기 위해서 좀 더 넓은 시각으로 이 주제의 배경을 살펴보는 것이 좋을 것이다. 경제학은 인문학과 사회과학, 또한 자연과학과 영향을 주고받으며 변화해 왔기 때문이다. 여기서는 의사 결정 주체로서의 개인이라는 개념에 대해 서구 근대 사상가들이 어떻게 생각해 왔는지, 그 변천 과정을 살펴보고자 한다.

근대 이전의 개인

고대 사회를 생각해 보자. 그 당시에는 통제할 수 없는 자연 현상을 목격한 인간들이 이러한 자연 현상을 경이롭게 볼 수밖에 없었다. 천둥, 번개, 홍수, 폭풍, 지진 등 자연 현상은 이를 경험하는 인간에게 압도적인 공포감과 동시에 경외감을 느끼게 해 준다. 이렇게 어마어마한 자연 현상 앞에 선 고대 사상가들은 각자 나름대로 관점을 가지고 자연 현상을 이해하고자 노력하였다. 그 결과 인간을 능가하는 초자연적인 존재를 상정하게 된다. 그것이 바로 신들이다. 자연 현상의 배후에 존재하는 신들을 통해 자연 현상을 설명하는 것이다.

신들을 통해 자연 현상을 이해하는 이 흐름은 중세 시대에도 이어진다. 중세 사상을 이끌어 간 것은 바로 교회이다. 중세 유럽 사회를 정신적으로 지배한 것은 기독교이고, 교회의 가르침이 사람들의 삶을 이끌었다. 이제 기독교의 유일신이 자연 섭리를 다스린다는 것을 진리로 받아들이게 되고, 이와 관련한 구체적인 내용들을 설명하는 것이 사상가들의 몫이 되었다. 신의 말씀이 진리이고, 이를 해석하는 것이 사상가들이 할 일이었다.

고대부터 현대까지 전체 사상의 흐름 속에서 살펴보면, 사실 개인에 관한 관심은 아주 오래된 것은 아니다. 근대 사상 이전에는 개인이 사상가들의 주된 관심사가 아니었다. 스스로 생각하는 주체로서 개인은 근대 철학에 와서야 제대로 주목을 받기 시작하였다.

스스로 생각하는 주체, 개인의 등장

철학은 흔히 진리에 대한 탐구라고 한다. 진리를 생각할 때 상대적 진리보다는 절대적 진리라는 이미지가 떠오른다. 진리가 절대적이라면 절대적 진리를 보장하기 위해 절대적인 존재가 필요하다. 근대 이전, 특히 중세 시대에는 절대적인 신이 진리를 보장해 주었다. 신의 뜻이 진리이고, 따라서 신의 뜻을 탐구하여 절대적 진리를 추구하는 것이 사상가들의 목적이었다.

이러한 사상적 흐름이 근대에 와서 달라지기 시작하였다. 르네상스 이후 근대 사상에서는 인간에 대해 관심을 두면서 신의 자리에 인간이 자리 잡기 시작하였다. 문제는 인간이 절대적인 존재가 아니라는 것이다. 여기서 사상가들의 고민이 시작된다. 이리저리 생각해 보아도 간단한 문제가 아니다. 그런데 하나 확실한 것은 내가 생각한다는 것이다. 내가 생각한다는 사실을 나는 확실히 알고 있다. 생각하는 나. 이 개념은 절대적이다. 누구도 부인하지 못한다. 어쨌든 누구나 생각하며 살아가지 않는가. 이제 절대적 진리를 탐색할 준비가 된 것이다. 스스로 생각하는 나 자신을 절대적 존재의 기준으로 삼은 것이다.

생각하는 주체, 생각하는 개인에 대한 시각이 근대 철학의 중심이 되었다. 근대 철학은 흔히 17세기에 시작되었다고 한다. 17세기와 18세기 서구 철학은 지식의 근원을 무엇으로 보느냐에 따라 흔히 대륙의 합리론 전통과 영국의 경험론 전통으로 구분한다. 합리론은 인간의 이성으로 진리를 찾을 수 있다고 생각하고, 경험론은 관찰과 경험을 통해 진리를 탐구할 수 있다고 본다. 생각하는 주체로서 개인이 진리에 도달하는 방식이 무엇이냐에 대해 이 두 가지 사상적 흐름은 서로 다른 생각을 하고 있다. 물론 둘 다 생각하는 주체로서 개인을 중요시한다. 일단 합리론과 경험론을 살펴보자.

합리론 전통에 속하는 학자는 데카르트(R. Descartes, 1596~1650), 스피노자(B. Spinoza, 1632~1677), 라이프니츠(G. W. Leibniz, 1646~1716) 등이 있고, 경험론 전통은 베이컨(F. Bacon, 1561~1626), 로크(J. Locke, 1632~1704), 버클리(G. Berkeley, 1685~1753), 흄(D. Hume, 1711~1776) 등이 대표한다. 이 학자들의 주장을 살펴보자.

이성적인 합리론

프랑스 철학자 데카르트는 근대 사상과 17세기 합리론 사상의 시조로 알려져 있다. 그의 유명한 명제인 "나는 생각한다. 고로 존재한다"가 근대 사상의 특징을 잘 보여 준다. 앞에서 언급한 생각하는 주체로서의 개인이 여기서 등장한다. 진리를 탐구하기 위해서는 생각하는 나, 즉 생각하는 개인이 필요하다. 모든 것을 다 의심하더라도 의심하고 있는 나 자신이 존재한다는 사실은 분명하다. 생각하는 주체가 존재해야 진리를 탐구하는 행위가 존재할 수 있는 것이다. 따라서 생각하는 나는 절대적 존재이며 사색과 탐구의 시작점이 된다.

데카르트 사상 속에서 진리를 보장하는 것은 생각하는 개인이다. 절대적 진리를 절대자 신이 보장하는 것이 아니라 생각하는 주체의 확실성으로부터 찾는 것이다. 생각하는 개인은 이성에 의해서 진리를 탐구한다. 여기서 경험은 중요하지 않다. 데카르트가 보기에 경험은 믿을 만하지 않다. 사람은 잘못 볼 수도 있고, 잘못 들을 수도 있다. 개인이 경험을 통해 얻은 지식은 모두 의심해야 하는 것이다. 즉, 생각하는 개인은 어떠한 감각을 통한 경험과도 무관하며 이성에 의해서만 진리를 탐구한다.

그렇다면 절대적 진리는 어떻게 탐구하는 것인가? 데카르트는 수학을 절대적 지식의 출발점으로 생각하였다. 사실 데카르트는 수학의 한 분야인 해석기하학의 창시자이기도 하다. 수학적 지식과 같이 경험과 무관하게 확실한 지식이 있으면 그 지식에서 출발하여 다른 확실한 지식을 밝혀낼 수 있다. 이러한 데카르트 사상은 이후 두 철학자, 스피노자와 라이프니츠에게 이어진다.

네덜란드 철학자 스피노자는 중세 교회의 전통적 교리와 성서 해석에 저항한 것으로 유명하다. 중세 철학의 주류라고 할 수 있는 스콜라 철학은 신이 제1 원인이라고 주장한다. 제1 원인이란 무엇인가? 세상 모든 존재에는 그 존재를 생겨나게 한 원인이 있다. 내가 존재하게 된 것은 부모님 덕분이다. 즉, 내 존재의 원인은 부모이다. 마찬가지로 부모라는 존재의 원인은 조부모이다. 모든 현상은 마찬가지이다. 나뭇잎이 떨어진 것은 바람이 불어서이다. 낙엽의 원인은 바람이라고 할 수 있다. 바람의 원인은 기압 차이일 것이고, 기압 차이의 원인은 태양열이 될 수 있다. 세상 모든 존재와 현상은 원인이 있다. 그 원인의 원인도 있을 것이다. 그 원인의 원인, 원인의 원인의 원인, 이런 식으로 끝없이 거슬러 올라가면 최초의 원인을 생각해 볼 수 있다. 더 이상 거슬러 올라가지 않아도 되는 최초의 원인이 제1 원인이다. 중세 사상가들은 스스로가 원인 자체가 되는 존재, 제1 원인이 신이라고 생각하였다.

스피노자는 신의 존재 자체는 인정하였다. 하지만 인격과 의식을 지닌 신이라고 생각하지는 않았다. 제1 원인이 신이라면 세상 모든 존재와 현상은 신에게서 나온 결과이다. 이 세상 모든 만물이 다신으로부터 생겨난 것이라면 신과 동일한 실체를 가지고 있는 셈이다. 따라서 스피노자는 신에게서 비롯된 자연이 신과 같다면, 신이 곧 자연 그 자체라고 생각하였다. 자연과 분리되어 독립적으로 존재하는 신은 개념적으로 존재할 수 없다고 보았다.

합리론의 또 다른 대표 주자는 독일(정확히는 신성로마제국) 철학자 라이프니츠이다. 그에게 중요한 개념은 모나드(Monad)인데, 모나드는 더 이상 분할되지 않는 것이며, 이 세상은 모나드라는 단순한 물질들로 이루어져 있다고 주장하였다. 모나드는 자연에 존재하는 것들의 최소 단위인데, 자연과학의 원자를 떠올리게 한다. 하지만 모나드는 원자와 달리 물질적 속성을 지닌 존재가 아니고 관념 속에 존재한다. 모나드는 스스로 움직이는 존재이고, 각각의 모나드는 서로 영향을 주고받지 않는, 독립적인 존재이며 각각 하나의 우주와 같은 존재이다. 명료성의 정도에 따라 단계별로 모나드가 존재하는데, 가장 명료한 모나드가 신이고, 그 아래에 있는 모나드가 인간이며, 또 그 아래에 동물, 식물, 무생물 등이 순서대로 존재한다.

데카르트, 스피노자, 라이프니츠, 이들은 모두 근대 합리론 전통에 있는 사상가들이다. 합리론은 일단 제1 원리를 정립하고 이로부터 지식을 파생시킨다. 이러한 추론을 통해 진리를 추구하는데, 이 과정에서 인간의 이성을 이용한다. 개인의 이성에 근거하여 진리를 추구한다.

관찰하는 경험론

영국 철학자 베이컨은 경험론의 아버지로 불린다. 자연 현상을 관찰한 후 획득한 사실들을 기반으로 귀납적으로 추론하면 확실한 지식을 얻을 수 있다고 주장하였다. 또한 자연의 진리를 탐구하기 위해 실험이 중요하다고 강조하였다. 관찰과 실험을 통해 특정 자연 현상들을 이해하면 그것으로부터 일반적인 지식과 정보를 획득할 수 있게 된다. 자연의 일부를 알게 되면 그 지식이 쌓여서 결국은 자연의 전체 원리를 이해할 수 있게 된다는 것이다.

베이컨은 관찰을 통하지 않은, 즉 기존에 선험적으로 가지고 있던 개념이 지식을 습득하는 데 오히려 방해된다고 주장하였다. 이러한 주장이 베이컨의 그 유명한 네 가지 우상, 즉 종족의 우상, 동굴의 우상, 시장의 우상, 극장의 우상이라는 개념들 속에 잘 드러나고 있다. 종족의 우상은 인간 중심적 시각을 말하는데, 동식물 또는 사물을 의인화하는 것이 이에 해당한다. 동굴의 우상은 개인의 환경과 기질 등 자신의 동굴에 갇혀서 편견을 갖는 것을 말한다. 시장의 우상은, 사람들이 시장에서 흥정할 때 같은 단어지만 서로 다른 의미로 사용해서 나타나는 언어적 오류를 말한다. 극장의 우상은 관객이 무대를 보고 환호하는 것처럼 전통 또는 권위에 기반한 지식을 비판 없이 받아들이는 것을 의미한다. 이 우상들은 사람들이 가지고 있는 기존 편견들을 표현하며, 이러한 우상들을 타파하고 관찰과 실험에 의존해야 진정한 지식을 습득할 수 있다고 주장한다.

영국 철학자 로크는 계몽주의 사상가이자 자유주의 사상의 선구자이며 초기 경험론의 대표 학자로 알려져 있다. 로크에 따르면, 태어날 때 사람의 마음은 빈 서판(tabula rasa), 즉 백지와 같아서 출생 이후 감각을 통해 들어오는 내용을 정리하여 관념을 얻게 된다. 감각 기관을 통해 들어온 내용을 정리하는 것을 반성(reflection)이라고 하는데, 이렇게 사람은 선험적인 관념이 정신에 미리 존재하는 것이 아니라 경험을 통해 관념을 생성하는 것이다. 로크에게 개인은 자기 경험과 회상을 통해 정체성이 확립된다. 즉, 개인의 주관적 내면이 중요하다. 이러한 로크의 주관주의적 개인관은 이후 신고전파 경제학의 초기 개인관에 큰 영향을 미친다.

아일랜드 철학자 버클리는 비물질주의(immaterialism)를 주장한 것으로 유명하다. 이 이론에 따르면, 일반적인 물질은 존재하지 않고, 구체적인 물질은 감각을 통해 지각되는 한 존재한다. 예를 들어, 방에 있는 책상은 감각으로 지각되므로 존재한다. 방을 나가면 지각되지 않기에 존재하지도 않는다. 따라서 경험을 통해 지각되지 않는 것은 존재하지 않기에 우리가 생각할 필요도 없다.

스코틀랜드 계몽주의 철학자 흄은 개인의 자아 또는 정체성에 대해 의미 있는 주장을 한다. 흄에 따르면, 모든 지식은 인간의 경험에서 나오고, 귀납적 추론은 이성이 아닌 관습과 습관에 의해 도출한다. 흄은 어떤 대상에 대한 지각을 인상(impression)과 관념(idea)

으로 구분한다. 사람은 경험을 통해 일차적으로 대상을 인식하는데 이것이 인상이고, 시간이 지남에 따라 머릿속에 남아 있는 것이 관념이다. 생각은 관념에서 비롯되고, 관념은 인상에서 나온다. 유사한 경험이 반복되면 습관이 형성되고 이로부터 규칙이 파악된다.

두 사건이 함께 일어나면 한 사건이 다른 사건을 일으키는 원인이라고 판단할 수 없고 단지 두 사건이 함께 일어났다는 사실만 파악할 수 있다. A가 B의 원인이라면 미래에도 항상 A가 나타날 때 B가 나타난다고 추정해야 하지만 과거의 경험을 통해 이런 인과 관계를 보장할 수는 없다. 하지만 지각들은 대부분 원인과 결과에 기반한다. 과거와 현재의 지각을 인과 관계로 생각하는 경향이 있고, 하나로 이어져 있는 존재로 여긴다.

흄의 개인관은 여기서 도출된다. 개인의 자아 또는 정체성은 시간이 지나도 변하지 않아야 한다. 하지만 인상은 그 순간에만 존재하는 개별적인 것이기에 지속적이지 않다. 자아라는 관념은 변하지 않지만, 자아에 대한 인상은 시간이 흐르면 변하게 된다. 만약 과거의 경험과 현재의 경험이 유사하고, 이러한 유사성이 반복되면 모든 경험을 같다고 여긴다. 따라서 같은 경험을 지닌 자신을 같은 존재로 느끼는 것이다. 또한 생물체의 경우 신체의 구성 요소가 시간의 흐름에 따라 상호의존적으로 연관되어 있기에 인과 관계가 있는 것으로 이해하기 쉽다. 이렇게 유사성과 인과성은 흄에게서 개인의 정체성 또는 자아를 파악하는 중요한 요소가 된다.

사실 흄은 개별 주체와 객체, 또는 자아와 사물이 시간의 흐름에 따라 같은 존재는 아니라고 생각한다. 같은 존재, 변하지 않는 실체라는 개념은 사람들의 심리에 있는 것이지 경험을 통해 검증되는 것은 아니라고 주장한다. 실체는 구체적이고 개별적인 경험, 인상, 관념을 넘어서는 일반화되고 추상적인 허구이다. 흄의 개인관에서 또 하나 중요한 것은 감정을 중요시한다는 것이다. 흄에 따르면, 이성은 정념(passion)의 노예이다. 여기서 정념은 흔히 감정이라고 부르는 것이고, 사람은 이성보다 감정에 의해 행동한다. 정신은 일종의 신체 반응으로, 이성은 개인의 생존을 위해 필요한 계산적 기능에 불과하다.

경험론에서 생각하는 주체는 중요한 출발점이지만, 보편적이고 추상적인 주체가 아니라 일상 현실에서 감각을 통해 경험하고 감정을 느끼는, 구체적이고 개별적인 주체이다. 경험론 철학은 당시 과학의 발전을 기반으로 하는데, 관찰과 귀납법을 주요 방법론으로 삼은 근대 과학의 발달이 경험론에 반영되어 있다.

합리론은 '선험적(transcendental) 자아' 개념에 기반하는데, 이에 따르면 인간의 이성은 태어날 때부터 주어진 것으로 이 능력을 통해 논리적 진리를 파악하고 생각해 낼 수 있다. 이에 반해 경험론에서 진리 또는 지식은 주어진 것이 아니고 외부 세계를 관찰하고 경험함으로써 획득할 수 있는 것이다. 이렇게 합리론과 경험론은 생각하는 주체인 개인이 진리를 파악하는 과정에 대해 상반된 관점을 가지고 있다. 물론 두 흐름 모두 개인을 중요시한다. 이 두 흐름을 비판적으로 계승하면서 통합하였다고 평가받는 것이 19세기에 등장한 관념론이다.

통합하는 관념론

19세기 독일(정확히는 프로이센)의 관념론은 외부 세계와 인간의 정신이 같은 종류라고 주장한다. 어떤 물질의 특성은 인간에게 어떤 식으로 보이는지에 따라 결정된다. 그 대상이 객관적으로 어떤 속성을 지니는지는 중요하지 않다. 이러한 관념론은 18세기 말 철학자 칸트(I. Kant, 1724~1804)로부터 시작하여 헤겔(G. W. F. Hegel, 1770~1831)에 이르러 정점을 보여 주었다.

칸트는 인간의 정신이 외부 세계를 직접 경험하는 것이 아니라 정신 속에 이미 존재하는 개념과 범주에 의해 외부 세계를 받아들인다고 주장한다. 감각을 통한 경험으로부터 세상을 인지하지만, 세상 자체를 인식하는 것이 아니라 본인이 원래 가지고 있던 인식 틀을 통해 인지하는 것이다. 태양을 관찰하면서 태양의 속성을 파악하는 것이 아니라 태양에 대해 갖고 있던 기존의 관념을 통해 태양을 파악한다는 것이다. 개인은 외부의 대상을 수동적으로 받아들이는 것이 아니라 능동적으로 본인의 관념을 통해 개념을 형성하는 것이다. 따라서 외부의 대상 자체를 있는 그대로 파악하기는 어렵다. 경험론의 관찰을 이용해 대상을 인식하지만, 그 인식한 내용을 합리론의 이성을 통해 파악한다. 칸트는 경험론과 합리론, 합리론과 경험론을 모두 수용하여 종합하였다.

관념론을 완성하였다고 알려진 철학자 헤겔은 정-반-합(Thesis-Antithesis-Synthesis)의 변증법(dialectics)을 제시한 것으로 유명하다. 이에 따르면 만물은 변화하고, 변화의 원인은 내부에 있다. 초기 상태가 정(正)이라면 변화의 과정에서 스스로 모순에 처하게 되고 반(反)이라는 자기 부정의 상태가 나타난다. 이 둘은 서로 갈등이 생기고 결국 새로운 합(合)의 상태로 변화한다. 결과물 합(合)은 이제 새로운 정(正)의 상태가 되고 또 새로운 정반합(正反合)의 변화 과정을 겪게 된다.

헤겔은 칸트를 포함한 근대 철학의 이분법, 즉 정신과 물질을 구분하는 이분법을 극복하고자 하였다. 어떤 대상에 대한 지식이 가능해지려면, 대상을 바라보는 주체의 정신과 실재하는 대상의 구조는 서로 대응되어야 한다. 주체와 객체가 무관하거나 서로 연결되지 않으면 지식은 존재할 수 없다. 개인이 물질에 대한 지식이 있다는 사실은 주체로서의 개인의 정신 속에 존재하는 물질과 객체로서 실재하는 물질 사이에는 연결점이 있어야 한다는 것이다. 내 머릿속에 존재하는 사과나무에 대한 상과 실제 자연 속에 존재하는 사과나무는 서로 일치해야 사과나무에 대한 지식이 가능해진다는 것이다. 헤겔은 이런 방식으로 주체와 객체, 정신과 물질을 통합해서 생각한다.

합리론과 경험론은 모두 개인을 기반으로 하는 이론이다. 두 학문적 전통 모두 진리를 파악하는 주체는 개인이다. 관념론은 진리를 탐구하는 개인 내부에 주체와 객체를 통합시키고자 하였다. 이러한 근대 사상의 흐름 속에서 외부 현상을 파악하려는 개인이라는 도식은 근대 사상 속에 계속 유지되었다. 이와 대조적으로 외부 세상과 구조가 개인을 만들어 내고 형성한다는 생각이 19세기 후반부터 20세기에 이르기까지 주로 프랑스 학계를 중심으로 제시되었다.

구조가 만든 개인, 구조주의

프랑스의 구조주의(structuralism)는 개인보다 구조를 우선시한다. 이 이론은 인간 사회를 분석할 때 개별 구성 요소보다 전체 구조를 중요시한다. 겉으로 나타나는 개별 사건들이나 현상들보다 그 이면에 존재하는 구조를 탐색하고, 사회를 구성하는 개인보다는 전체적인 거시 시스템이 중요하다고 생각한다. 따라서 사회 현상을 이해하기 위해서 사회 현상 배후에 존재하는 구조적 패턴을 찾아야 한다.

구조주의는 주로 사회학에서 많이 논의되었다. 현대 사회학의 기초를 제공한 프랑스 사회학자 뒤르켐(E. Durkeim, 1858~1917)이 구조주의라는 용어를 제시하였다. 구조주의 진영에 속하는 사회학자로서 파슨스(T. Parsons, 1902~1979)와 부르디외(P. Bourdieu, 1930~2002)

가 유명하다.

파슨스는 미국 사회학자로서 구조기능주의(structural functionalism)를 제시한 것으로 잘 알려져 있다. 구조기능주의는 사회를 복잡계(complex system)로 이해하여 상위 체계와 하위 체계 등 여러 체계로 구성되어 있고, 구성 요소들이 전체를 위해 기능하고 작동하여 연대와 안정성의 방향으로 나아간다고 주장한다. 또한 파슨스는 사회 구성원들이 각자의 목표를 달성하는 행위를 할 때 사회적 규범, 관행, 전통, 가치, 제도 등에 영향을 받고, 다양한 상황과 조건들에 의존한다고 주장한다. 이것은 전체 구조를 중심으로 거시적 시각에서 사회를 바라보는 관점이다.

프랑스 사회학자 부르디외는 다양한 이론을 제시하였는데, 특히 아비투스(Habitus) 이론으로 유명하다. 아비투스는 사람들이 사회를 인지하고 사회에 반응하는 방식을 말하는데, 개인의 성향, 자세, 습관 등을 포함한다. 공통적인 배경을 지닌 사람들은 아비투스를 공유하며, 따라서 사회 구조가 지속되는 것은 아비투스에 의해 이루어진다. 예를 들어, 공통의 종교를 지닌 사람들은 고유의 문화와 습성을 지니게 되고, 이러한 아비투스에 의해 사람들의 행동 방식이 결정되며, 이에 따라 사회에서 그 종교는 계속 유지된다.

현대 사상에서 구조주의는 20세기 프랑스를 중심으로 사회학뿐 아니라 언어학, 심리학, 인류학, 경제학 등 다양한 분야에서 발달하였다. 소쉬르(F. de Saussure, 1857~1913), 라캉(J. Lacan, 1901~1981), 레비스트로스(C. Lévi-Strauss, 1908~2009), 알튀세르(L. Althusser, 1918~1990) 등이 대표적인 학자들이다.

소쉬르는 구조주의 언어학을 주창한 스위스 언어철학자이다. 그는 언어에서의 두 측면, 랑그(langue)와 파롤(parole) 개념으로 이론을 전개한다. 랑그는 추상적이고 눈에 보이지 않는 체계적 규칙이고, 파롤은 실제로 말하고 듣는 구체적인 언어 활동이다. 즉, 랑그는 언어를 사용하는 사람들 간에 약속된 문법과 같은 것이고, 파롤은 실제 대화이다. 문법이라는 약속된 패턴에 따라 사람들은 대화하지만, 실제 대화는 문법에 얽매이지 않고, 또 같은 문장이라도 상황에 따라 다르게 이해된다. 소쉬르는 언어가 사람들의 의사소통을 위한 사회적 규칙이고, 언어 공동체의 집단적 의식의 산물이기 때문에, 언어학의 대상은 파롤이 아닌 랑그라고 주장하였다. 이러한 입장에서 언어를 개인적인 것이 아닌 사회적 현상으로 파악한다.

프랑스 정신분석학자 라캉은 프로이트 사상과 구조주의를 자신의 이론에 적용하여 철학과 문화 이론에 지대한 영향을 미친 것으로 유명하다. 라캉은 무의식이 언어와 마찬가지로 구조로 되어 있다고 주장하였다. 이 주장에 따르면, 무의식은 의식과 무관하게 정신 속에 처음부터 주어진 근원적 존재 같은 것이 아니라 의식과 마찬가지로 복잡하고 구조적으로 정교하게 형성된 것이다.

프랑스 인류학자 레비스트로스는 구조주의 인류학의 선구자로 잘 알려져 있다. 그는 야만과 문명이 서로 다르지 않다고 주장하며,

미개한 것으로 생각하였던 고대 신화 속에 인류의 보편적 사고방식이 들어 있다고 보았다. 상상의 산물과도 같은 신화들이 다양한 문화권에 존재하는데, 그 신화들은 일반적으로 이야기 구조들이 유사하다. 레비스트로스에 따르면, 신화들을 살펴보면 서로 대립하는 요소들이 있고, 대립을 해결하거나 중재하는 제3의 요소가 있어서 해결로 나아가는 구조를 공통으로 가지고 있다. 따라서 상상의 산물로서 자유롭게 탄생한 것처럼 보이는 신화도 그 이면에 보편적인 구조로 되어 있다면, 인류의 모든 사상은 보편적 구조로 되어 있을 것이다.

알튀세르는 프랑스의 구조주의 마르크스주의자이다. 구조주의 마르크스주의는 국가가 자본가의 도구에 불과하다는 도구적 관점을 비판하면서 국가는 자본주의 자체의 생존을 위해 기능한다고 주장한다. 즉, 정부는 단순히 지배계급의 꼭두각시가 아니라 자본주의 시스템 자체를 지속시키는 역할을 담당한다는 것이다. 구조주의 시각에서 국가 제도는 특정 자본가 계급의 단기적 이해관계에 의존하지 않고 자본주의 자체의 장기적 생존을 위해 움직인다. 따라서 국가는 특정 지배계급 또는 개별 자본가의 통제로부터 어느 정도 독립적이다.

프랑스 구조주의를 중심으로 구조주의 철학과 사회과학의 몇몇 학자들의 주장을 살펴보았는데, 이 학자들은 각각 분석 대상은 다르지만, 공통으로 개별적 요소들의 고유성보다는 이면에 존재하는 구조와 패턴을 중요하게 바라본다. 개인은 사회 구조라는 전체적 맥락 속에서 파악할 수 있다. 생각하고 판단하는 주체인 개인을 바탕으로 형성된 근대 사상은 구조주의의 도전을 받게 된 것이다. 즉, 이제 개인은 독립적으로 존재하는 확실한 실체인지 의심을 받게 된 셈이다.

chapter 03

경제학의 흐름을 파악하자

고대와 중세 경제사상

자본주의와 함께 등장한 고전파 경제학

자본주의에 대한 상반된 입장, 마르크스 경제학과 신고전파 경제학

자본주의를 위기에서 구출한 케인스 경제학

방법론적 개인주의 vs 방법론적 전체주의

이 책은 경제학에서 의사 결정 주체로서의 개인을 어떻게 바라보는지에 대한 내용을 다루고 있다. 이 주제에 대해 경제학의 여러 학파들은 다양한 관점을 가지고 있다. 이를 이해하기 위해 먼저 전반적인 경제학의 역사를 살펴볼 것이다. 경제학의 흐름을 파악하고, 이에 기반하여 개인에 대한 경제학의 관점을 검토하자.

경제학이라는 학문 분야는 언제부터 시작되었을까? 일반적으로 18세기 고전파 경제학을 경제학의 시초라고 말한다. 스미스(A. Smith, 1723~1790), 리카도(D. Ricardo, 1772~1823), 맬서스(T. R. Malthus, 1766 ~ 1834), 밀(J. S. Mill, 1806~1873) 등이 대표적인 고전파 경제학자들이다. 그래서 경제학은 18세기부터 현재까지 보통 300년 역사가 있다고 말한다.

당연한 말이겠지만 경제학은 경제 현상을 분석한다. 경제학이 18세기부터 등장하였다면, 그 이전에는 경제 현상을 분석하는 학자는 없었을까? 당연히 있었다. 다만 경제 현상만을 주로 분석하는 학자가 없었을 뿐이다. 18세기 이전 고대와 중세 시기에는 철학, 법학, 신학, 의학 등의 분야에 다양한 학자들이 있었고, 이들이 경제 현상에 대한 논의를 이끌었다. 경제학의 시작을 알린 것으로 잘 알려진 스미스도 원래는 도덕철학자였다.

고대와 중세 경제사상

고대 사상을 이해하기 위해서는 그리스 철학과 히브리 사상을 마주해야 한다. 먼저 그리스 철학부터 살펴보자. 고대 그리스 철학자로서 유명한 사람은 소크라테스(Socrates, BC 469~BC 399), 플라톤(Plato, BC 427~BC 347), 아리스토텔레스(Aristotle, BC 384~BC 322), 이 세 사람이다. 그중 플라톤과 아리스토텔레스의 저작들에서 경제 분야에 대한 언급을 찾아볼 수 있다. 주로 경제가 어떤 방식으로 운영되어야 하는지에 대한 내용이 남겨져 있다. 경제 현상을 분석하기보다는 경제가 나아갈 방향을 제시하고, 이를 위해 어떻게 사회가 통치되고 운영되어야 하는지를 논의한다.

플라톤은 진정한 선과 좋은 삶에 도달하기 위해 노력해야 하며, 이를 위해서 모든 사람은 사회의 위계 구조 내에서 자신의 역할을 다해야 한다고 주장하였다. 좋은 삶이라는 목적을 추구하는 과정에서 물질적 부는 도구일 뿐이다. 이런 관점에서는 물질적 부를 부차적인 것으로 보고, 그 자체로 추구해야 할 목적으로 보지는 않는다. 이러한 시각은 고대 사상에서 전반적으로 발견된다.

아리스토텔레스는 교환, 화폐, 가치, 가격 등 경제 문제들에 대해 상대적으로 자세히 자신의 논리를 전개하였다. 우선 그는 가치를 사용가치와 교환가치로 구분하였다. 신발을 예로 들어 설명하는데, 신발은 발에 신어서 보호하는 기능을 가지고 있는데, 이런 측면을 표현하는 가치를 사용가치라고 부른다. 신어서 발이 편하고 잘 보호되는 신발일수록 사용가치가 높은 것이다. 반면 신발은 다른 물품과 교환할 수 있는데, 교환할 때 가치를 교환가치라고 한다. 신발 1켤레가 감자 10개와 교환된다면 신발의 교환가치는 감자의 10배에 해당한다고 말할 수 있는 것이다. 사용가치와 교환가치의 구분은 18세기 초기 경제학인 고전파 경제학에서도 중요한 개념으로 등장한다.

아리스토텔레스는 교환이 자연스러운 것이라 여겼으나, 돈을 빌려주고 이자를 받는 것은 비정상이라고 생각하였다. 농사를 지으면 씨앗이 수확물이 되는 것이 정상이지만, 교환의 매개체에 불과한 화폐가 스스로 이자라는 수확물을 낳는 것은 불가능하다는 논리였다. 플라톤과 마찬가지로 화폐는 목적을 수행하기 위한 도구에 불과하다고 보았다.

고대 철학의 또 다른 한 축인 히브리 사상에서도 경제에 대한 언급은 존재한다. 주로 기독교, 이슬람교, 유대교 모두 경전으로 여기는 히브리 성서(구약성서)에 나타나 있다. 널리 알려진 것으로 희년 사상이 있는데, 구약성서 레위기 25장에 보면 50년에 한 번씩 희년으로 선포하여 노예는 해방되고 빚은 탕감되며 토지에서 경작은 하지 않고 원래 소유자에게 토지소유권이 돌아가게 된다. 고대 근동 세계에 존재하는 독특한 경제 제도라고 할 수 있는 희년은 사회적 약자를 구제하며 경제 정의를 지키는 제도로 알려져 있다. 또한 신약성서를 포함해서 성서 전체적으로 살펴보면, 돈을 빌려주고 이자를 받는 것과 부를 축적하는 것에 대해 부정적으로 바라보는 언급이 지속해서 나타난다.

중세 유럽에 가장 큰 영향을 미친 사상으로 기독교 사상, 좀 더 자세히는 스콜라주의를 생각할 수 있다. 이 사상은 신학에 기반을 둔 철학이라고 할 수 있는데, 아리스토텔레스 철학, 성서와 교부신학, 로마법, 이렇게 세 가지에 기반하고 있다. 교부(church fathers)는 기독교 초기(2~8세기)에 교리를 확립하는 데 공헌한 이들을 일컫는데, 이들의 신학을 교부신학이라고 한다. 스콜라 철학의 전성기는 13세기와 14세기가 손꼽히는데, 가장 유명한 학자로는 아퀴나스(T. Aquinas, 1225~1274)가 있다. 아퀴나스는 아리스토텔레스의 철학을 이용하여 기독교 교리를 논리적으로 정립한 중세 신학자이다. 일반적으로 신앙과 이성을 훌륭하게 종합한 학자로 평가받는다.

경제 영역에 대한 스콜라 사상의 주된 관심사 중 하나는 공정가격(just price)이라는 개념이다. 공정가격은 교환의 당사자들이 자신들의 의사에 따라 거래할 때 형성되는 가격이다. 즉, 사기, 속임수나 강압에 의한 거래가 아닌 자발적인 거래를 하는 경우 나타나는 가격이다. 공정가격 개념은 이자에 대한 부정적인 시각으로 이어진다. 돈을 가지고 있다는 사실만으로 돈을 버는 것은 공정하지 않다는 생각이다. 이러한 생각은 앞서 언급하였듯이 고대 아리스토텔레스나 성서에서 지배적으로 나타난 생각이었고, 중세 스콜라 사상에서도 이어졌다.

고대와 중세 시대 사상가들은 경제 문제에 대해 언급하기는 하였지만 경제 문제가 중심 주제는 아니었다. 자신의 사상을 기반으로 이상적인 경제는 어떤 모습이어야 하는지 설명하였고, 개인들이 경제 분야에서 어떻게 행동해야 하는지에 대해 선언하였다. 당시 경제라는 영역은 사회 전체적으로 보았을 때 그다지 중요한 영역은 아니었다. 하지만 중세가 저물어 가면서 상황은 바뀌었다.

자본주의와 함께 등장한 고전파 경제학

최초로 경제 문제를 본격적으로 분석한 학자들이 바로 고전파 경제학자들이다. 경제사상의 뿌리는 고대 철학에서 찾을 수 있지만 본격적으로 경제학이라는 학문 분야가 시작된 것은 18세기 고전파 경제학이다.

18세기에 경제학이 시작된 이후 경제학 300년 역사는 대략 제1기(1730~1830), 제2기(1830~1930), 제3기(1930~현재), 이렇게 100년씩 세 시기로 구분할 수 있다. 물론 이 시기 구분은 대략적이고 정확한 연도가 중요한 것은 아니다. 각 시기에 주로 활약한 경제학파를 언급하자면, 제1기는 고전파 경제학, 제2기는 마르크스 경제학과 신고전파 경제학, 제3기는 케인스 경제학이다.

제1기(1730~1830)는 18세기 후반 산업혁명을 배경으로 생산이 급격히 늘어나는 시기이다. 또한 원거리 무역과 상업이 전례 없이 확장되기도 하였다. 즉, 경제학의 주요 주제인 생산과 교환 영역이 엄청나게 확대되고, 사람들의 삶과 사회 전체에 큰 영향을 미치게 된 것이다. 철학, 신학, 법학에 매진하던 학자 중에서 경제 분야에 관심을 둔 학자들이 이 시기에 생겼는데, 그들이 바로 고전파 경제학자들이다.

최초의 경제학자로 언급되는 고전파 경제학자 스미스는 당시 생산력이 급속히 상승한 현상의 이면에는 분업의 공헌이 있다고 파악하였다. 중세 유럽에서는 산업의 중심이 농업이었다. 공업 생산 활동은 장인의 작업장을 중심으로 소규모로 이루어졌다. 그러다가 산업혁명 시기를 지나면서 생산 활동의 중심에는 대규모 공장 시스템이 있었다. 단순히 한 장소에 모여 생산 활동을 하는 것에서 시작하여 점차 노동자들 간의 분업이 자리를 잡으면서 공장 시스템은 생산성 상승에 큰 공헌을 하게 되었다.

고전파 경제학의 주요 주제 중 하나는 가치 이론이다. 생산물의 가치는 어떻게 결정되는가? 생산물의 가격은 가치를 잘 표현하는가? 이것들은 가치 이론에서 설명하고자 하는 주요 질문이다. 앞서 언급한 고대 철학자 아리스토텔레스의 사용가치와 교환가치의 구분, 중세 스콜라 철학의 공정가격 이론 등은 근대 고전파 경제학의 가치 이론 논의로 이어진다. 고대와 중세 사상가들이 언급한 내용들이 고전파 경제학자들에게 와서 좀 더 정교한 분석과 논의로 확대된 것이다. 가치 이론에서 대표적인 것이 노동가치설이다. 생산 활동을 통해 생산물에 새로운 가치를 가져오는 것은 인간의 노동뿐이라고 주장한다. 생산 과정에서 또 다른 요소들인 토지와 도구, 원재료 등은 기존에 있던 가치가 그대로 이전될 뿐이다.

자본주의에 대한 상반된 입장, 마르크스 경제학과 신고전파 경제학

제2기(1830~1930)는 19세기 근대 자본주의가 본격적으로 작동하던 시기이다. 생산성의 급속한 상승으로 인해 생산이 엄청나게 확장하였고, 동시에 지나친 이윤 추구로 인해 비인간적인 노동 환경과 부의 불평등이 심각하게 드러난 시기이기도 하다. 자본주의의 양면성은 그대로 경제학에 반영된다. 이 시기에는 자본주의에 비판적인 마르크스 경제학이 대두되고, 동시에 자본주의를 옹호하는 결론으로 나아가는 신고전파 경제학이 시작되었다.

마르크스(K. Marx, 1818~1883)는 고전파 경제학의 노동가치설을 비판적으로 계승하면서 자본주의의 작동 방식을 분석하였다. 마르크스에 따르면, 새로운 가치는 노동만이 창출하기 때문에 자본가는 노동자를 착취하여 노동자가 만들어 낸 가치를 가져가려고 한다. 싸게 사서 비싸게 파는 사람은 이득을 얻을 수 있지만, 사회 전체적으로 보면 이득을 얻는 사람과 손해를 보는 사람이 존재하고, 이들의 이득과 손해는 서로 상쇄되기에 결국 상거래 행위에서 새로운 가치가 창출되지는 않는다. 따라서 새로운 가치가 생기는 것은 생산 활동뿐인데, 생산 과정에서 나타나는 새로운 가치의 근원은 노동뿐이다. 자본가는 노동자에게 4시간에 해당하는 임금을 주고 8시간 노동을 하게 지시하여 4시간의 추가 가치를 본인의 이익으로 챙긴다. 여기서 4시간의 추가적 가치를 잉여가치라고 한다. 자본가는 잉여가치를 가능한 한 많이 획득하고자 한다. 이러한 노동착취는 자본주의에서 다양한 방식으로 나타난다. 마르크스에 따르면, 자본주의는 이윤 증식을 목적으로 하면서 놀라운 생산력을 보여 주지만, 이윤 추구를 위해 노동착취가 심해지고 노동자들의 저항 또한 강해질 수밖에 없다.

마르크스는 자본주의 경제에서 호황과 불황이 규칙적으로 나타나는 현상도 설명한다. 자본주의 경제는 다양한 산업들로 구성된다. 한 사회에서 필요한 물품들은 각 산업에서 생산하는 생산물로 충당되는데, 한 산업에서는 과잉 생산되고 다른 산업에서는 과소 생산되는 상황은 쉽게 나타날 수 있다. 이렇게 산업 간 불균형이 일어나면 경제는 어려움에 부닥치게 된다. 한 국가 또는 전 세계적으로 이를 조정하는 정부나 기관도 없고, 시장이 이를 해결해 주지도 않는다. 물론 마르크스 경제학에서 이러한 경기 변동을 산업 간 불균형으로 설명하는 것 외에도 다양한 이론으로 설명한다. 여기서는 편의상 산업 간 불균형 가설만 소개한다.

마르크스에 따르면, 자본주의는 경기 호황과 불황이 반복되는 경기순환 현상이 지속되다가 공황이라는 파국적인 경기 침체 상황을 피할 수 없게 된다. 자본주의는 기본적으로 노동자들을 착취하여 자본가가 이윤을 획득하는 시스템이다. 그런데 자본주의가 발달할수록 기술이 발전하고 기계화와 자동화가 고도로 이루어지게 된다. 즉, 생산 과정에서 노동자가 점차 배제되고, 이는 노동자가 생산하는 잉여가치가 점점 줄어드는 것이며, 자본가가 획득하는 이윤의 원천이 축소된다는 의미가 된다. 자본의 몫인 이윤이 줄어든다면 궁극적으로 자본주의는 지속할 수 없게 된다는 것이 마르크스의 결론이다.

19세기 중후반 경제학에서는 한계혁명(marginal revolution)이라는 새로운 이론적 흐름이 나타난다. 이 흐름은 이후 신고전파 경제학의 뿌리가 된다. 한계혁명을 설명할 때 주로 거론되는 3명의 경제학자가 있는데, 제번스(W. S. Jevons, 1835~1882), 발라(L. Walras, 1834~1910), 멩거(C. Menger, 1840~1921), 이 세 학자이다. 참고로 발라는 예전에는 왈라스로 표기되었고 지금까지도 왈라스로 많이 불린다. 이들은 함께 연구하지 않았고 서로 독립적으로 연구를 진행하였지만, 각자 제시한 이론이 한계혁명이라 불리는 하나의 흐름으로 수렴된다. 이들을 한계학파라고 부르기도 한다.

고전파 경제학과 마르크스 경제학은 생산물의 가치를 노동이 결정한다는 노동가치 이론에 기반해 있는데, 한계학파(신고전파 경제학)에서는 생산물의 가치를 소비자가 그 생산물을 소비함으로써 획득하는 주관적 만족에 있다고 보았다. 소비자가 상품을 소비함으로써 얻는 만족감을 효용(utility)이라고 한다. 한계혁명에서 '한계'는 알아채기도 힘들 정도로 작은 변화를 의미한다. 두 용어를 합쳐서 한계효용(marginal utility)이라는 개념이 경제학에서 흔하게 사용된다. 한계효용은 소비자가 특정 상품의 소비량을 아주 조금 변화시켰을 때 수반되는 효용의 변화분을 말한다. 소비를 늘렸을 때 효용이 증가한다면 그 증가분을 말하고, 소비량을 줄였을 때 효용이 감소한다면 그 감소분을 말한다. 여기서 '한계효용 체감의 법칙'이라는 원리가 등장하는데, 상품의 소비를 증가시킬수록 한계효용은 줄어든다는 것이다. 즉, 사과를 먹을 때 첫 한 입은 엄청 맛이 있을 테니 효용은 엄청 높겠지만, 이후 사과를 계속 먹어 감에 따라 추가로 얻는 만족감의 정도는 이전만 못할 것이다. 소비를 늘려서 추가로 얻는 효용, 즉 한계효용은 소비가 증가함에 따라 감소한다는 것이다. 따라서 흔한 상품은 충분히 소비하게 되니까 한계효용이 낮지만, 쉽게 소비할 수 없는 상품은 한계효용이 높을 것으로 예상할 수 있다.

한계효용 이론은 소위 다이아몬드의 역설을 해결하였다고 알려진다. 다이아몬드의 역설은 물과 다이아몬드의 가치와 가격을 비교하는 이야기이다. 물은 사람이 살아가는 데 필수적이고 다이아몬드는 없어도 살아가는 데 무방하므로, 둘의 가치를 비교하면 물이 훨씬 더 높은 가치를 가져야 한다. 하지만 현실에서 거래되는 가격을 보면 다이아몬드가 압도적으로 높은 가격으로 거래된다. 한계효용 이론의 설명에 따르면, 흔하게 볼 수 있는 물보다 희소한 다이아몬드가 훨씬 더 높은 한계효용을 보장하기 때문에 높은 가격을 갖게 된다는 것이다.

한계혁명으로 시작한 신고전파 경제학은 의사 결정의 주체인 사람들이 합리적이어서 최적의 결정을 하게 되고, 이에 따라 경제 전체적으로 최적의 균형점이라는 결과에 도달하게 된다고 주장한다. 소비자는 효용을 추구하고, 생산자는 이윤을 추구하는데, 그 결과 경제는 최고의 효율성을 달성할 수 있다는 가설을 제시하면서, 일반적으로 현존하는 자본주의 시스템을 옹호하는 주장을 도출한다.

자본주의를 위기에서 구출한 케인스 경제학

제3기(1930~현재)는 전 세계를 강타한 대공황과 함께 시작한 시기이다. 1929년 미국에서 나타난 경기 침체는 전례 없이 가혹하였고, 유럽을 포함한 전 세계가 엄청난 경제적 어려움을 겪는 상황으로 전개되었다. 자본주의의 놀라운 생산력에 감탄하며 지속적인 번영을 예상하였던 사람들은 이러한 엄청난 경제 공황을 경험하면서 자본주의 경제에 대해 근본적인 의문을 가지게 되었다. 시장에 맡기면 경제는 잘 굴러갈 것이라는 주장은 더 이상 현실을 설명하지 못하게 되었다. 이러한 와중에 정부의 역할을 강조한 케인스(J. M. Keynes, 1883~1946)의 주장이 등장하여 힘을 얻게 되었다.

케인스는 기본적으로 자본주의 경제가 불안정하다고 생각하였다. 신고전파 경제학이 생각하는 이상적인 경제, 즉 사람들이 확실한 정보를 가지고 합리적으로 판단하여 효율적인 경제 균형이 나타나는 경제는 현실과 거리가 멀다. 케인스가 보는 사회는 불확실한 상황에서 충동적인 결정을 내리는 사람들로 이루어진 사회이고, 그 결과는 한쪽으로 쏠렸다가 다시 다른 반대편으로 쏠리는 현상이 나타나는 사회이다.

케인스 이론에 따르면, 상품이 많이 생산되어도 사람들이 상품을 구매할 여력이나 구매할 마음이 없으면 창고에 재고만 쌓일 뿐이다. 자본주의에서는 이러한 상황이 주기적으로 나타난다. 이러한 상황이 극단적으로 발생한 것이 대공황이다. 케인스는 이러한 난관을 타개하기 위해서는 누군가가 상품을 구매해야 한다고 말한다. 그러면 상품을 판매한 생산자는 소득이 생기고, 그 소득으로 다시 본인이 필요한 상품을 구매할 수 있고, 그 상품을 판매한 누군가는 다시 자신의 소득이 생기게 된다. 이런 방식으로 사회 전체적으로 소득 수준이 올라가는 선순환이 나타난다. 케인스는 경기가 침체할 때 처음 구매를 시작하는 역할을 정부가 담당해야 한다고 주장하였다. 실제로 케인스의 조언을 받아들인 미국 루스벨트 정부는 당시 심각한 경제 위기에서 탈출할 수 있었다.

케인스 이론은 이전 시기 마르크스 경제학과 신고전파 경제학의 대립 구도에서 중간적 태도를 보인다. 자본주의가 불안정하다는 생각은 마르크스와 일치하나 이러한 자본주의의 결함이 근본적인 문제라는 마르크스와 달리 케인스는 정부 정책을 통해 고쳐 나갈 수 있다고 생각하였다. 정부의 역할을 통해 신고전파 경제학이 꿈꾸는 이상적인 균형 경제에 가까이 갈 수 있다고 생각한 것이다.

지금까지 근대 경제학의 역사를 간단히 살펴보았다. 18세기 등장한 고전파 경제학은 자본주의의 놀라운 생산력을 보면서 자본주의를 분석하기 시작하였다. 19세기는 자본주의를 비판하는 마르크스 경제학과 옹호하는 신고전파 경제학이 대립하던 시대였다. 20세기 대공황의 여파 속에서 케인스 경제학은 정부의 개입을 통해 자본주의의 문제점을 교정하고자 하였다.

여기서 이 책의 주제와 관련하여 우리는 질문을 던질 수 있다. 이 학파들은 의사 결정 주체로서 개인에 대해 어떻게 생각하였을까? 간단히 말하자면 개인을 우선시하는 견해가 있고, 사회/전체/구조를 중요시하는 견해가 있다. 사회과학 방법론의 측면에서 보면 전자는 방법론적 개인주의(methodological individualism)라고 하고, 후자는 방법론적 전체주의(methodological holism)라고 하는데, 신고전파 경제학은 전자에 속하고, 고전파 경제학, 마르크스 경제학, 케인스 경제학은 후자에 속한다. 여기서 이 두 방법론을 간략히 정리해 보자.

방법론적 개인주의 vs 방법론적 전체주의

개인, 주체, 개별 요소 등을 중시하는 견해에서는 사회를 구성하는 개별 주체의 자율성과 독립성을 강조한다. 이러한 방식으로 사회를 분석하는 견해를 방법론적 개인주의라고 한다. 반면 사회 전반적인 구조를 강조하며, 이러한 구조에 의해 개인의 행동이 결정된다고 주장하는 관점을 방법론적 전체주의라고 한다. 전체는 부분의 합보다 크다는 유명한 명제가 방법론적 전체주의 입장을 잘 표현한다.

방법론적 개인주의는 사회 현상을 개별 구성원들의 의사 결정과 그에 따른 행동의 결과로 파악한다. 이와는 대조적으로 방법론적 전체주의는 사회를 하나의 분석 단위로 보고 하나의 시스템으로 파악한다. 구성 요소들은 전체적 맥락 속에서 서로 간의 관계를 중심으로 파악한다. 따라서 방법론적 개인주의는 사회를 미시적 시각으로 바라보고, 방법론적 전체주의는 거시적 시각으로 바라본다.

방법론적 개인주의라는 용어를 처음 언급한 것은 오스트리아 경제학자 슘페터(J. Schumpeter, 1883~1950)로 알려졌지만, 현재 우리가 알고 있는 방법론적 개인주의 내용을 처음 제시한 것은 독일 사회학자 베버(M. Weber, 1864~1920)이다. 베버는 사회 현상을 이해하기 위해서는 사회를 구성하는 개인이 자율적으로 목적을 가지고 한 행동들을 분석해야 한다고 주장하였다. 우리는 행동을 이해하기 위해 행동의 목적을 파악한다. 어떤 행동의 의도를 분석하면 그 행동을 이해할 수 있다. 그런데 의도는 개인이 가지는 것이다. 집단이 의도를 가질 수는 없다. 따라서 집단의 행동을 이해하기 위해서는 집단을 구성하는 개인의 의도를 분석해야 한다. 즉, 베버의 주장에 따르면, 개인의 의도를 분석해서 개인의 행동으로부터 발생하는 사회 현상을 이해할 수 있다.

또한 베버 이론에서 주목할 만한 것은 이념형(ideal type) 개념이다. 이에 따르면, 현상을 분석할 때 추상적이고 일반적인 형태, 이념형을 이용하여 분석한다. 행동을 분석할 때 현실에서 나타나는 구체적 형태의 행동이 아니라, 개인의 의도에 부합하는 행동을 추상적으로 추정하는 것이다. 합리적 행동 모델이 이념형 이론의 대표적 예이다. 현실에서는 개인이 상황에 따라 비합리적인 행동을 취할 수도 있지만 기본적으로 합리적인 개인이라면 합리적 행동을 취할 것으로 예측할 수 있다.

오스트리아학파의 핵심 학자이며 1974년 노벨 경제학상 수상자인 하이에크(F. von Hayek, 1899~1992)는 베버의 방법론적 개인주의를 계승하였다. 하이에크는 경제 주체의 합리적 행동에 기반하지 않고서는 경제 현상을 설명할 수 없다고 주장하였다. 물론 하이에크는 합리적 행동이 의도한 대로 결과가 나오지는 않는다는 점을 분명히 하였다. 개인의 합리적 행동들이 모여서 의도하지 않은 사회 현상이 나타나는 것을 '자발적 질서'(spontaneous order)라고 불렀다.

신고전파 경제학은 방법론적 개인주의에 기반하여 논리를 전개한다. 신고전파 소비 이론에서 소비자는 합리적 소비자이다. 개별 소비자들은 소비로부터 얻는 만족감을 최대로 하기 위해 소비 결정을 하고, 이에 따라 시장에서는 가격이 오르면 소비량이 줄어들고 가격이 내리면 소비량이 늘어나는, 수요의 법칙이라는 현상이 존재한다. 즉, 소비자의 합리적 행동을 분석하면 시장에서 어떤 현상이 나타나는지 알 수 있다는 것이다. 여기서 사회 현상을 설명하기 위해 구성원들의 개별 의사 결정을 분석해야 한다는 방법론적 개인주의의 특성이 잘 드러나 있다.

방법론적 개인주의의 또 다른 특징은 개인이 자율적이고 독립적이며 다른 개인이나 사회 구조로부터 영향을 받지 않는다는 것이다. 신고전파 경제학에서 소비자는 본인의 취향과 상품에 대한 정보만 가지고 소비 수준을 결정한다. 다른 소비자들로부터 영향을 받지 않고, 사회적 규범과 습관, 문화와 이데올로기, 법 제도와 경제 체제도 개인의 소비 결정 분석과는 무관하다.

방법론적 전체주의는 개인의 의사 결정이 사회 구조의 영향을 받는다는 견해이다. 구조주의라는 용어를 제시한 사회학자 뒤르켐은 인간은 사회적 동물이고, 사회는 존재론적으로 자율적인 실체라고 주장하며 방법론적 전체주의를 명시적으로 옹호하였다. 마르크스 경제학은 대표적으로 방법론적 전체주의에 기반하고 있다. 마르크스 경제학의 방법론은 사적 유물론(historical materialism)이라고 하는데, 이에 따르면 한 사회에서 하부 구조라고 부르는 경제적 구조가 상부 구조라고 부르는 정치, 사회, 문화, 법 제도를 결정한다. 또한 개인은 사회 계급의 구성원이고, 이 계급의 입장이 개인의 의사결정에 영향을 미친다.

방법론적 전체주의 입장에서 사회 현상을 설명할 때 구성 요소들에 대한 설명이 필수적인 것은 아니다. 사회 현상은 그 자체로 설명될 수 있고, 개인의 의도와 행동은 부차적이다. 따라서 사회 자체가 하나의 분석 단위가 된다. 사회 속에 존재하는 구성원으로서 개인들은 서로 연결되어 있고, 사회 전체 구조와도 연결되어 서로 영향을 주고받는다. 사적 유물론에 따르면, 계급 간의 관계에 따라 사회가 변화하고, 개인은 계급의 전달자로서 역할을 한다. 역사를 움직이는 것은 개인이라기보다 계급이라고 할 수 있다.

chapter 04

호모 이코노미쿠스 신화

호모 이코노미쿠스의 탄생

주관적 심리에서 객관적 선택으로

합리적 개인은 합리적인가?

현실 속의 개인은 합리적 개인인가?

상호작용과 게임 이론

행동경제학의 도전

호모 이코노미쿠스(homoeconomicus), 즉 합리적 경제인(rational economic man)은 신고전파 경제학에서 바라보는 개인을 표현하는 용어이다. 신고전파 경제학은 개인이 합리적이라고 가정하고, 이 가정에서 출발하여 개인의 의사 결정을 분석한 뒤 이를 종합하여 경제 현상을 설명한다. 신고전파 경제학에서 호모 이코노미쿠스 개념이 어떻게 탄생하고 어떤 변천 과정을 겪었는지 간략히 살펴보고 이 개념의 논리를 알아보자.

호모 이코노미쿠스의 탄생

경제학에서 합리적 개인은 의사 결정을 한다. 주로 소비 결정 혹은 생산 결정을 한다. 상품을 얼마나 소비할 것인지, 얼마나 생산할 것인지를 결정하는데, 무작정 원하는 만큼 소비하고 생산할 수는 없다. 여러 가지 제약이 있다. 예를 들어, 소비자는 돈, 즉 소득이 한정되어 있다. 생산자는 기술적 제약이 있다. 이러한 제약 아래서 소비자는 만족을, 생산자는 이윤을 극대화하고자 한다. 이 문제는 프랑스 수학자이자 수리경제학의 선구자로 알려진 쿠르노(A. A. Cournot, 1801~1877)가 처음 제시하였다.

경제학에서 생산자는 이윤을 극대화하기 위해 생산량을 결정한다. 경제학 교과서에 따르면, 이윤 극대화 생산량은 생산자가 한계수입(margianl revenue)과 한계비용(marginal cost)이 같게 되는 수준에서의 생산량이다. 쿠르노는 수학을 이용해서 이 결론을 증명하였다. 쿠르노는 1838년 저작 『부의 수리적 원리 연구』(*Researches into the Mathematical Principles of Wealth*)를 통해 그의 이론을 발표하였는데, 당시에는 별 주목을 받지 못하였다. 하지만 1800년대 후반에 한계혁명의 주역들에 의해 재평가되었다.

발라는 자신의 이론이 쿠르노의 부분균형 이론을 일반화한 것에 불과하다고 하였고, 제번스도 스스로 쿠르노의 뒤를 이었다고 언급할 정도였다. 나아가 제번스는 기계역학을 이용하여 가치와 분배에 대한 분석을 수행하였다. 경제 과정을 물리적 과정으로 환원해서 분석하는 것이었다. 경제 주체들은 물리 현상에서 서로 대응하는 에너지로 표현되고, 이들의 상호작용은 시장에서의 상품 교환으로 나타난다. 시장에서의 상품 교환을 물리학에서의 힘들의 작용으로 설명하였다. 경제 현상을 사회적 요인이 배제된 물리 현상으로 간주한 것이다.

1870년대 한계혁명에서 제시된 개념들이 이후 신고전파 경제학의 기반이 되었다. 영국의 경제학자 마셜(A. Marshall, 1842~1924)이 1891년에 출판한 『경제학원론』(*Principles of Economics*)은 20세기 대표적인 경제학 교과서로 굳건한 위치를 지켜 왔는데, 한계혁명에서 시작하여 신고전파 경제학에서 정립된 많은 개념이 이 책에서 제시되었다. 쿠르노의 영향은 여기서도 발견되는데, 마셜은 본인의 저작 중 기업 이론 부분에서 쿠르노에게 영향을 받았다고 고백한다.

주관적 심리에서 객관적 선택으로

초기 신고전파 경제학은 로크의 주관주의적 개인관에 영향을 받았다. 로크는 개인의 주관적 심리를 분석의 출발점으로 삼았다. 스스로 사색하고 추론하는 내성(內省, introspection)을 통해서 개인 자신의 특성을 파악한다. 예를 들어, 내성을 통해서 사람은 물질과 부에 대한 욕구가 있다고 하는 특성을 발견하고 이러한 법칙에 기반해서 경제 분석을 시작한다.

경제학에서 내성을 통해 개인의 심리를 분석하는 흐름은 1860년대 이후 실험심리학의 등장과 함께 변화를 겪는다. 실험심리학의 탄생을 촉발한 독일의 생리학자 베버(E. Weber, 1795~1878)와 물리학자 페히너(G. Fechner, 1801~1887)는 정신 현상을 측정할 수 있다고 주장하였다. 정신과 신체 관계를 지배하는 법칙을 찾기 위해 물질적 자극과 이에 대한 정신적 감각과의 관계를 수리적으로 표현할 수 있다고 주장한 것이다. 이는 정신물리학(psychophysics)이라는 분야의 발전으로 이어졌다.

베버와 페히너의 유명한 이론으로 베버－페히너 법칙이라는 것이 있다. 사람의 감각 기관이 받아들이는 자극의 강도는 현재 강도에 지수적으로 비례한다는 법칙이다. 쉽게 설명하자면, 내 손에 10kg 물건이 있을 때 1kg 물건을 올려놓으면 그 즉시 추가된 무게를 느끼게 된다. 그러나 1kg의 무게를 항상 느끼는 것은 아니다. 내가

100kg의 물건을 힘들게 들고 있을 때 1kg을 더 추가한다고 해서 더 무거워졌음을 느끼지는 않는다. 이때 10kg을 추가해야 더 무거워졌다고 느낀다고 하자. 그렇다면 무게라는 외부의 자극을 나의 감각기관이 느끼는 것은 현재 수준의 자극, 즉 현재 내가 인지하고 있는 무게 수준에 따라 달라진다고 할 수 있다. 현재 내가 느끼는 무게가 무거울수록 추가되는 무게도 무거워야 내가 느낄 수 있다. 즉, 내가 느끼는 자극의 강도는 현재 느끼고 있는 자극 강도에 비례한다. 이것이 베버-페히너 법칙이다. 이것은 경제학에서 말하는 한계 체감의 법칙을 연상시킨다.

물질적 자극과 정신적 감각의 관계를 수리적으로 분석하는 베버와 페히너의 연구는 이후 실험심리학의 선구자로 알려진 독일의 생리학자 분트(W. Wundt, 1852~1920)의 연구로 연결된다. 분트는 실험을 통해 사람이 느끼는 감각을 강도, 지속 시간, 유형에 따라 분류하였다. 또한 분트는 3차원 감각 이론을 제시하였는데, 3차원은 쾌락-불쾌(pleasure-displeasure) 차원, 긴장-완화(tension-relaxation) 차원, 흥분-우울(excitement-depression) 차원이다. 물론 신고전파 경제학은 단순히 쾌락-고통(pleasure-pain)의 1차원만 고려한다.

19세기 후반 정립된 신고전파 경제학은 심리학의 효용 가설에 기반하였다. 효용이라고 부르는 개인의 쾌락 또는 만족 정도를 측정할 수 있고, 합리적 개인은 이 만족을 극대화하는 선택을 한다는 주장이다. 하지만 개인의 심리를 측정한다는 것은 생각만큼 쉽지 않았다. 20세기 들어 경제학자들은 주관적 심리에 관한 관심에서 벗어나 객관적으로 관찰할 수 있는 선택을 기반으로 이론을 전개한다. 이러한 이론적 전환의 핵심 학자로 파레토(V. Pareto, 1848~1923)가 손꼽힌다.

경제학에서 흔히 수리학파라고 부르는 로잔학파의 리더격인 파레토는 경제학이 본질적으로 수학과 같다고 생각하였다. 파레토는 개인의 목적과 제약 조건에 대한 해법을 중심으로 경제에서의 균형 문제를 분석하였다. 10명으로 구성된 한 사회가 있다고 하자. 현재 상황에서 변화를 불러오는 어떤 정책이 있는데, 그 결과에 대해 10명 모두 현재보다 만족한다면 그 정책은 당연히 진행될 것이다. 최소한 불만을 품은 사람은 없고 1명이라도 이 정책을 선호한다면 분명히 이 정책은 현재 상황보다 개선된 결과를 가져온다고 말할 수 있다. 이것이 파레토 개선이다. 더 이상 파레토 개선이 가능하지 않은 상태를 파레토 효율성 또는 파레토 최적이라고 부른다. 파레토 최적 상태를 변화시키면 최소한 1명은 불만을 품는다.

파레토의 합리적 개인은 객관적으로 분석된다. 파레토는 경제 분석에서 효용 극대화 가설과 같은, 개인의 주관적 심리에 기반한 분석은 제외하였다. 파레토 효율성 분석에서 개인이 효용을 극대화한다는 가설은 필요하지 않다. 또한 효용을 측정할 필요도 없다. 이러한 파레토의 생각은 이후 힉스(J. Hicks, 1904~1989)와 앨런(R. G. D. Allen, 1906~1983)의 서수적 효용, 새뮤얼슨(P. Samuelson,

1915~2009)의 합리적 선택 이론으로 이어진다.

효용 개념에는 기수적 효용(cardinal utility)과 서수적 효용(ordinal utility)이 있다. 내가 사과 1개를 먹었을 때 만족감, 즉 효용이 10이고, 배 1개를 먹었을 때 효용이 8이라면 나는 사과 1개를 더 선호한다고 말할 수 있다. 이처럼 효용 수준을 정확히 숫자로 표현할 수 있으면 기수적 효용이라고 한다. 서수적 효용은 효용 수준을 숫자로 표현하지는 못하지만, 순위를 정할 수는 있다. 사과 1개의 효용이 배 1개의 효용보다 높아서 사과를 배보다 더 선호한다고 말하는 식이다. 힉스와 앨런은 이전의 기수적 효용 개념을 서수적 효용으로 대체하고자 하였다.

이러한 서수적 효용 개념은 1930년대 후반 새뮤얼슨이 제시한 현시선호 이론(revealed preference theory)을 통해 정립된다. 현시선호 이론은 관찰할 수 없는 개인의 심리에서 벗어나 관찰할 수 있는 개인의 선택 행위를 대상으로 이론을 전개한다. 즉, 개인의 선호 체계('preference')가 선택 행위를 통해 드러나면('revealed') 이를 기반으로 소비 이론을 제시하는 것이다. 새뮤얼슨의 합리적 선택 이론은 현시선호 이론에서 잘 드러나듯이 도구적 합리성에 기반한다. 도구적 합리성은 개인의 목적이나 목표를 가장 잘 충족시키는 행동을 선택하는 것이며, 그 목적이나 목표의 특성이 어떻게 규정되든 상관없다. 도구적 합리성은 효율적인 수단에 대한 합리성이며, 그 자체로는 그 수단이 제공하는 목적의 성격에 대해 완전히 불가지론적이다.

따라서 개인의 목표가 효용 극대화일 수도 있고 다른 어떤 것일 수도 있다.

파레토에서 시작되어 힉스, 앨런, 새뮤얼슨의 합리적 선택 이론에 이르기까지 경제 분석에서 인간 개인의 주관적 심리는 점차 배제되었다. 이러한 흐름은 시카고의 콜스 위원회(Cowles Commission, 1935~1955)를 거쳐 간 마르샥(J. Marschak, 1898~1977), 코프만스(T. C. Koopmans, 1910~1985), 후르비치(L. Hurwicz, 1917~2008), 애로(K. Arrow, 1921~2017) 등 일반균형 이론 전통에 있는 학자들과 기대효용 이론을 정립한 폰 노이만(J. von Neumann, 1903~1957)과 모르겐슈테른(O. Morgenstern, 1902~1977)에 의해서도 확립되었다. 이제 개인의 선호를 설명할 때 심리적 측면은 사라지고 추상적 합리성과 수학적 논리가 중요한 기준이 되었다. 인간의 주관적 심리는 신고전파 경제학에서 설명의 영역 밖에 있게 되었다.

지금까지 신고전파 경제학에서 주관적 심리에서 시작하여 객관적이고 형식적인 수리 분석이 강조되는 흐름을 살펴보았다. 여기서 또 한 명 주목할 만한 학자는 영국 경제학자 로빈스(L. Robbins, 1898~1984)이다. 1932년 저서 『과학으로서의 경제학이 지닌 속성과 중요성』(*Essay on the Nature and Significance of Economic Science*)에서 경제학의 정의를 제시한 것으로 유명하다. 그는 파레토와 달리 경제학의 범위를 희소성의 제약을 받는 모든 선택으로 확대하였다. 또한 대부분의 중요한 경제 법칙은 명확한 기본 가정에서 논리적으로 도출하는 것이며, 경제적 합리성은 내적 사색을 통해 검증되는 명제라고 주장하였다. 주관적이고 심리적인 요소를 배제한 파레토와 달리 이러한 요소를 물질적 요소와 함께 포함하였다. 로빈스는 합리성 개념을 일관된 선호로 제시하였고, 합리성과 비합리성 구분은 의식과 비의식 구분으로 연결하였는데, 이것은 의식적인 행동일수록 일관적이라는 논리에 기반한다.

합리적 개인은 합리적인가?

신고전파 경제학에서의 호모 이코노미쿠스는 합리적으로 판단하는 개인이다. 합리성이라는 개념은 학문 분야별로 각각 다르게 정의되는데, 경제학 내에서도 세부적인 정의는 맥락에 따라 다르다. 일반적으로 경제학에서 합리적 개인은 합리적 선호를 지니고 최적화를 수행한다. 최적화는 자신의 목표를 최대한 달성하는 것을 의미한다.

합리적 선호는 경제학에서 여러 가지 조건을 만족하는 선호를 말하는데, 가장 기본적인 조건은 완비성(completeness)과 이행성(transitivity)이다. 완비성은 여러 대안이 있을 때 이들을 비교하여 어느 것을 더 선호하는지 본인이 완벽하게 알고 있다는 성질이다. 대안이 A, B, C, 이렇게 세 가지가 있다면 1, 2, 3순위로 선호 순서를 말할 수 있어야 한다. 이행성은 A를 B보다 선호하고 B를 C보다 선호한다면 A를 C보다 선호해야 한다는 성질이다. 이에 따르면, 개인의 선호 체계는 일관적이다. 선호 순서가 이랬다저랬다 하지 않는다. 완비성과 이행성을 만족하는 선호를 합리적 선호라고 한다. 두 가지 특성 외에 다른 특성들이 합리성 개념에 포함되기도 하지만, 이 두 가지 특성이 가장 핵심적인 특성이다.

합리적 선호를 지니고 자신의 목적을 위해 최적화를 수행하는 개인이 바로 합리적 경제인, 호모 이코노미쿠스이다. 문제는 이러한 합리적 개인은 현실과는 거리가 멀다는 것이다. 신고전파 경제학의 합리성 가설은 이론적으로는 정교하지만, 현실에서의 개인의 행동을 설명하지 못한다는 단점이 있다.

먼저 합리적 선호의 완비성과 이행성을 살펴보자. 모든 대안에 대해 사람들은 자신의 선호를 잘 안다는 완비성은 현실을 잘 반영하는가? 쉽게 말하면 내가 내 선호를 잘 알고 있어야 한다. 하지만 내가 내 마음을 잘 모르는 상황은 현실에서 자주 나타난다. 상품을 구매할 때 선택할 수 있는 상품의 종류는 아주 많다. 어느 것을 더 좋아하는지 아는 것은 쉬운 일이 아니다. 상점에 가서 쇼핑할 때 이것을 살지 저것을 살지 한참 고민하는 경우는 쉽게 볼 수 있다. 자신의 선호 순위에서 1위를 차지하는 상품을 고민도 없이 바로 사는 모습은 사실 비현실적이다. 세상에 존재하는 수많은 상품 중에 어느 상품이 1위인지, 2위인지 명확하게 마음속에 정리하는 경우도 흔하지 않다.

이행성 조건이 지켜지지 않는 경우도 흔하다.

짜장 vs 짬뽕? 짜장이 좋다.

짬뽕 vs 볶음밥? 짬뽕이 좋다.

그렇다면 짜장 vs 볶음밥? 이행성을 만족하는 경우라면 당연히 짜장을 좋아해야 한다. 하지만 이 경우 볶음밥이 좋은 경우도 있다. 그렇다면 이 개인에게 있어서 짜장, 짬뽕, 볶음밥, 이 대안의 선호 순위는 뒤죽박죽이다. 이행성을 만족하지 않는 것이다. 이렇게 일관적이지 않은 선호는 사실 현실에서 많이 볼 수 있다. 수많은 선택의 순간마다 이전의 선택과 다르게 선택하는 경우는 많다. 항상 일관된 선택을 한다는 것 자체가 비현실적이다.

현실에서는 최적화 작업을 수행하는 예도 드물다. 자신의 이득을 극대화하기 위해 어떻게 해야 하는지 알기도 힘들다. 효용을 극대화하기 위해 소비한다고 하지만 상품을 구매한 이후 후회하는 경우는 쉽게 볼 수 있다. 경제학에서 최적화는 효용 극대화와 이윤 극대화로 나타나는데 미분방정식을 풀어서 해법을 찾는다. 의사 결정을 해야 하는 수많은 순간마다 이런 방식으로 최적화할 수는 없다. 훈련된 경제학자도 아마 이런 식으로 의사 결정을 하지는 않을 것이다. 신고전파 경제학에서 상정하는 개인이 현실에서의 개인과 다르다면, 비현실적인 개인관에 기반하여 도출한 경제 분석과 이론은 현실을 잘 예측하거나 설명하기 힘들 것이다.

현실의 개인들은 합리적으로 의사 결정을 하지 못한다. 현실에서 개인은 비합리적인 행동과 비합리적인 결정을 많이 한다. 물론 신고전파 경제학은 합리성 가정을 내세우지만 절대 불변의 진리로 여기는 것은 아니다. 신고전파 경제학자들은 합리성 가정을 단지 현실을 대략 추정할 수 있는 지침으로 여기는 경향이 있다. 사람들이 합리적으로 의사 결정을 한다고 가정하고 분석을 통해 실제 어떤 행동을 할 것인지 추측할 수 있다는 것이다.

노벨 경제학상 수상자인 미국의 경제학자 프리드먼(M. Friedman, 1912~2006)은 이론의 가정이 얼마나 정확한지보다 현실을 얼마나 잘 예측하는지가 중요하다고 강조한다. 합리성 가정이 현실의 개인과 일치하지 않더라도 합리성 가정을 기반으로 도출한 결과가 현실의 결과를 잘 설명한다면 그 이론은 의미가 있다는 것이다. 프리드먼은 당구 선수를 예로 들어 설명한다. 당구 선수는 뉴턴의 물리 법칙을 몰라도 멋진 경기를 펼친다. 이 경우 당구 선수가 뉴턴의 물리 법칙을 알고 있다고 가정하면 그 선수의 경기를 잘 예측할 수 있다. 따라서 사람들이 합리적 의사 결정의 법칙대로 행동한다고 가정하면 사람들의 행동을 예측할 때 유용한 시사점을 얻을 수 있다는 것이다. 물론 일반 개인들이 훈련된 당구 선수처럼 의사 결정에 있어서 훈련되어 있지는 않다는 문제는 남아 있다.

현실 속의 개인은 합리적 개인인가?

전통적인 호모 이코노미쿠스 개념은 개인을 고립된 존재, 즉 개인에게만 고유한 특성으로 정의된 존재로 설명한다. 나는 나, 너는 너, 모든 개인은 독립적 개인이다. 모든 개인은 자신만의 독특한 성격을 지닌 독립적 개인이다. 경제학에서 개인의 고유한 성질은 개인이 지닌 선호 체계로 나타난다. 사람마다 취향이 다르다. 즉, 사람마다 고유의 선호 체계를 가지고 있다. 정말 그런가?

경제 정책은 무엇을 목적으로 하는가? 정부는 개인들의 선호에 기반하여 복지 또는 후생(welfare)을 개선하기 위한 경제 정책을 펼친다. 개인의 선호가 확실한 기반이 없다면 개인의 존재 자체를 확신할 수 없다. 즉, 누구의 선호에 기반하며, 누구의 후생을 개선하고자 하는 것인가?

신고전파 경제학의 개인관의 변천에 대해서는 앞에서 보았다. 원래 신고전파 전통에서는 개인의 주관적 내면을 중시한 로크의 인간관에 따라 개인의 심리를 기반으로 개인을 탐구하였다. 이어서 개인의 심리와 정신을 과학적으로 분석하려는 정신물리학과 실험심리학의 영향을 받았다. 이후 20세기에 객관적 과학을 추구하는 흐름이 지배적이었고, 이제 호모 이코노미쿠스는 현실에 살아 있는 인간이 아닌, 수리적 논리에 기반한 의사 결정 함수로 표현된다. 합리적 선호를 지니고 최적화 작업을 수행하는 개인은 수학으로 잘 설명된다.

신고전파 경제학은 합리성에 기반하여 현실을 예측한다. 이러한 추론의 출발점인 개인은 합리적이어야만 한다. 따라서 개인은 합리적 선호를 지니는 것으로 가정된다. 개인은 자신만의 고유한 합리적 선호를 가진다. 합리적 개인은 현실에서의 인간을 설명하기 위한 개념이 더 이상 아니다. 나의 합리적 선호는 나의 취향과 성격을 설명하기 위한 것이 아니다. 경제학적 추론과 현실 예측에 필요한 수리적 가정일 뿐이다.

물론 경제학자들은 여전히 선호를 마치 심리 현상처럼 말하기도 하지만, 호모 이코노미쿠스가 현재 의미하는 것은 합리성에 기반한 경제 분석을 가능하게 하기 위한 수학 공식과 같은 것이다. 20세기 이래 신고전파 경제학에서 호모 이코노미쿠스 개념은 현실의 인간과 무관하게 논리와 수학 속에 구성된 추상적인 개인이다. 현실과 무관한 경제 이론은 심각한 문제를 지니고 있는 것이다.

상호작용과 게임 이론

호모 이코노미쿠스의 표준적인 견해에 따르면, 개인은 독립적으로 의사 결정을 한다. 예를 들어, 소비자는 본인의 선호에 기반하고 가격에 반응하여 소비를 결정한다. 이때 다른 개인과 상호작용하지 않는다. 생산자는 생산 비용과 시장 가격 정보에 기반하여 생산량을 결정한다. 합리적 소비자와 합리적 생산자가 완전 경쟁시장에서 만나서 거래를 한 결과 효율성이 달성된다. 이것이 신고전파 경제학의 효율적인 시장 균형이 달성되는 모습이다. 합리적 개인이 최선을 다하면 사회 전체적으로 좋은 결과가 나온다는 것이다.

2001년 영화 「뷰티풀마인드」(A Beautiful Mind)는 1994년 노벨 경제학상 수상자인 미국의 수학자 내쉬(J. F. Nash, Jr., 1928~2015)의 삶을 묘사한다. 영화에 이런 장면이 나온다. 내쉬가 박사 논문을 작성해서 지도 교수에게 가져가는데, 지도 교수는 그에게 이 논문은 기존 경제 이론을 뒤집을 만한 내용을 담고 있다고 말한다. 무슨 내용일까? 내쉬 이론은 게임 이론에서 흔히 죄수의 딜레마(prisoner's dilemma)라고 불리는 것에 잘 나타난다.

죄수의 딜레마는 강도 2인이 남의 집에 몰래 들어가 엄청난 액수의 물건을 훔친 상황에서 시작한다. 이 두 명은 검거되지만 남의 집에 침입한 증거만 있다. 경찰은 둘이 서로 의논하지 못하도록 각각 따로 심문한다. 절도를 자백한다면 둘 다 5년형의 벌을 받는다. 둘 다 자백하지 않는다면 절도의 증거는 없기에 집에 침입한 범죄로 1년형을 받는다. 만약 한 사람은 자백하고 다른 사람은 자백하지 않는다면? 자백한 사람은 수사에 협조한 대가로 집행유예를 받고 풀려나지만, 자백하지 않은 사람은 수사에 협조하지 않은 죄가 추가되어 10년형을 받는다. 본인이 강도 중 1인이라면 어떤 행동을 취할 것인가? 자백할 것인가, 끝까지 버틸 것인가? 경우의 수를 생각해 보자. 다른 공범이 자백하는 경우, 내가 자백하면 5년형, 버티면 10년형이다. 다른 공범이 버티는 경우는? 내가 자백하면 풀려나고, 버티면 1년형이다. 두 경우 모두 나는 자백하는 것이 이득이다. 합리적 인간은 자백을 선택할 것이다. 따라서 둘 다 자백을 선택할 것이고, 둘

다 5년형의 벌을 받는 결론이 도출된다. 여기서 딜레마가 시작된다. 두 범인은 합리적으로 자신의 이득을 극대화하여 자백을 선택하고 5년형을 받는다. 하지만 둘 다 자백하지 않는 경우 1년형에 그친다. 둘 다 자백하지 않으면 더 좋은 결과를 얻을 수 있다.

개인들이 모두 합리적으로 의사 결정을 해서 나온 결과를 게임 이론에서 내쉬 균형(Nash equilibrium)이라고 한다. 게임 이론은 둘 이상의 개인이 의사 결정을 하는 상황을 다룬다. 특히, 상대방의 결정이 나의 이득에 영향을 미치는 상황을 분석하는 이론이다. 죄수의 딜레마가 대표적인 게임 이론의 분석 대상이다. 죄수의 딜레마에서 두 공범은 자백할 것인가, 안할 것인가를 선택해야 한다. 한 사람의 선택은 다른 사람의 이득에 영향을 미친다. 둘 다 합리적으로 자백을 결정하고 5년형을 받는 상황이 바로 내쉬 균형이다.

게임 이론에 따르면, 죄수의 딜레마 상황에서 내쉬 균형의 결과가 나온다고 예측한다. 개인이 합리적으로 의사 결정을 하면 모든 개인에게 더 좋은 상황(1년형)이 있음에도 불구하고 안 좋은 상황(5년형)이 결과로 나타난다. 개인의 합리적 의사 결정이 모여서 전체적으로 효율적인 최선의 결과가 나온다는 신고전파 경제학의 예측이 부정되는 것이다. 내쉬의 지도 교수가 말한 내용이 바로 이것이다. 왜 이런 결과가 나온 것인가? 다른 이유도 있겠지만 중요한 것 중 하나는, 신고전파 경제학은 개인들의 상호작용을 고려하지 않았다는 것이다.

신고전파 경제학의 호모 이코노미쿠스는 자신의 의사 결정에 따라 자신의 이득이 결정된다. 다른 개인의 의사 결정은 무관한 것이다. 게임 이론은 이러한 가정을 거부하는 데서 출발한다. 개인은 다른 개인의 존재를 의식하고 게임의 규칙을 알고 있는 상황에서 서로의 이득이 상호의존적인 것도 알고 있다. 따라서 단순히 가격에 반응하는 것이 아니라 의사 결정을 할 때 다른 사람의 행동을 고려한다. 이렇게 상호작용과 상호의존성을 고려하면 합리적 개인의 최적화 행동이 꼭 사회에 좋은 결과를 가져오리라 보장할 수 없다.

행동경제학의 도전

호모 이코노미쿠스 개념에서 상호작용이 빠져 있는데, 이것은 중요한 이론적 결함으로 나타난다. 상호작용이 핵심적 요소로 등장하는 게임 이론은 1980년대 이래 산업 분석에서 독과점 구조를 분석하는 틀로 주목받았다. 합리성 개념에 기반한 신고전파 경제학의 문제점을 지적한 또 다른 흐름은 행동경제학에서 등장한다.

행동경제학의 대표적인 학자는 2002년 노벨 경제학상 수상자인 이스라엘 출신 미국 심리학자 카너먼(D. Kahneman, 1934~2024)과 그의 동료인 이스라엘 심리학자 트버스키(A. Tversky, 1937~1996)이다. 또한 많은 행동경제학자에게 영향을 미친 학자로서 1979년 노벨 경제학상 수상자인 사이먼(H. Simon, 1916~2001)을 들 수 있다. 사이먼은 의사 결정 이론가로 유명하며, 경제학뿐 아니라 인지심리학과 컴퓨터과학 등 다양한 분야에서 업적을 남겼다.

사이먼은 합리적 결정 이론에 대한 대안으로 제한된 합리성(bounded rationality)과 만족화(satisficing) 개념을 도입하였다. 이에 따르면, 의사 결정 주체는 불완전한 정보를 가지고 있고 제한적인 계산 능력을 지니고 있다. 변화하는 환경에 적응하며, 최적화가 아닌 만족화 원리에 따라 자신의 이득을 극대화하지 않더라도 만족할 만한 해법을 추구한다. 사이먼에 따르면, 인간은 의사 결정을 할 때 대안을 순차적으로 검토한다. 그러다가 만족스러운 대안이 나타나면 그 단계에서 최종적으로 결정한다. 모든 대안을 동시에 검토해서 최적의 대안을 선택하는 것이 아니다.

행동경제학은 사람들의 비합리적 의사 결정에 주목한다. 현실에서 관찰할 수 있는 사람들의 비합리적 행동뿐 아니라 심리학에 기반한 다양한 실험 결과에서도 비합리적 의사 결정에 대한 증거는 많이 있다. 경제학의 합리성 가정의 비현실성은 심리학과 이에 기반한 행동경제학의 주요 주제이다.

합리적 결정 이론에 대한 행동경제학의 비판은 신고전파 경제학에 대한 근본적인 도전이었다. 사실 신고전파 경제학에서도 비합리적 행동이 존재한다는 사실을 부정하지 않는다. 다만 비합리적 의사 결정은 부차적인 것에 불과하다고 인식할 뿐이다. 이에 반해 행동경제학에서 지적하는 것은 사람들이 일관적이고 체계적으로 비합리적인 행동을 한다는 것이다. 즉, 비합리적 의사 결정이 중요한 비중을 차지하고, 합리적 의사 결정이 부차적으로 나타난다는 것이다. 인간을 설명하는 모델은 합리적 개인이 아니라 비합리적 개인이 되어야 한다.

chapter 05

합리적으로 비합리적인

합리적 개인에 대한 방어

행동경제학의 비합리적 개인

손실회피 현상

비합리적 할인율

접근성 편향

대표성 편향

프레이밍 효과

행동경제학의 이중 시스템 이론

여전히 호모 이코노미쿠스

나를 나답게 만드는 것은 무엇인가?

시간이 흘러도 나는 여전히 같은 개인인가?

앞에서 살펴보았듯이 경제학의 합리성 가정은 문제가 있다. 직관적으로 생각해 보아도 사람들은 비합리적인 행동을 많이 한다. 학술적으로도 여러 가지 이론적 문제점이 드러났다. 경제학 내에서 신고전파 경제학의 대척점에 있는 마르크스 경제학뿐 아니라 포스트케인지언(post-Keynesian)학파, 제도경제학(institutional economics), 진화경제학(evolutionary economics) 등 다양한 학파들에서 합리성 이론의 결함에 대해 비판해 왔다. 그렇다면 이러한 비판에 대해 신고전파 경제학의 합리성 이론은 어떠한 방어를 하고 있는가?

합리적 개인에 대한 방어

19세기 한계혁명에서 시작된 호모 이코노미쿠스 가정은 이후 신고전파 경제학의 핵심 가정으로 자리 잡는다. 하지만 비현실적이라는 단점이 두드러지게 된다. 1940년대 경제학 내에서 이에 대한 불만이 표출되고 소위 '한계주의 논쟁'이 벌어진다. 경제학 교과서에 따르면, 생산의 주체인 기업은 이윤을 극대화하기 위해 생산량을 결정하는데, 수학적으로 계산하면 한계수입과 한계비용이 같은 수준에서 생산하면 된다. 합리적인 생산자라면 이러한 의사 결정을 한다는 것이다. 하지만 실제 기업들이 한계비용과 한계수입을 계산해서 최적의 의사 결정을 한다고 보기는 어렵다. 이에 대해 경제학자 프리드먼은 소위 '마치'(as if) 주장을 펼친다.

프리드먼은 합리성 가정의 현실성에 대한 의문을 제쳐 두고 대신 행동을 예측하는 능력에 따라 합리성 이론을 판단해야 한다고 주장하였다. 합리성 가설이 비현실적이라도 이 가설에 근거한 이론은 현실을 잘 설명할 수 있다는 것이다. 여기서 당구 경기 비유가 제시된다. 우리가 당구공이 움직이는 물리 법칙과 복잡한 수학 공식을 잘 알아서 공의 위치와 움직임에 대해 계산할 수 있다면 완벽한 당구 경기를 할 수 있을 것이다. 하지만 당구 선수는 이러한 계산을 하지 않는다. 그렇지만 훌륭한 당구 경기를 보여 줄 수 있다. 비록 당구 선수가 물리 법칙과 수학 공식을 몰라도 '마치' 아는 것처럼 행동한다는 것이다. 이제 당구 선수가 법칙과 공식을 아는지는 중요하지 않다. 마치 아는 것처럼 행동한다고 가정하면 현실에서 당구 선수의 행동과 경기 결과를 잘 예측할 수 있다.

신고전파 경제학의 합리성 주장은 여전히 학계에서도 또 대중적으로도 큰 힘을 발휘하고 있다. 여기에는 프리드먼의 '마치' 주장이 큰 영향을 미쳤다. 하지만 이 주장도 허점은 존재한다. 당구 선수는 당구 경기에서 멋진 모습을 보이기 위해 훈련을 받은 사람이다. 그러나 현실에서 의사 결정을 하는 사람들이 합리적 의사 결정 방식을 훈련받은 것은 아니다. 사소한 의사 결정 상황뿐 아니라 인생에서 중요한 결정을 할 때도 일반인들은 합리적 의사 결정을 내린다고 보기는 어렵다. 사소한 상황은 자주 접하니까 자동으로 훈련된다고 할 수 있지만 인생의 중요한 결정, 예를 들어 결혼과 출산, 집을 사거나 직장을 구하는 경우는 자주 접할 수 없기에 훈련받기도 힘들다.

사실 훈련받은 전문가도 최적의 의사 결정을 한다고 장담하기 어렵다. 멀리 갈 필요 없이 21세기 나타난 금융 위기와 경제 공황들을 생각해 보자. 훈련된 경제학자와 경제 전문가 중 경제 위기를 미리 경고하고 해결책을 제시한 사람들은 찾아보기 어렵다.

또 다른 합리성 주장에 대한 방어는 평균 주장이다. 평균적으로 합리적이다. 한 사람이 이런 결정 저런 결정을 내릴 때 개별 결정들은 비합리적일 수 있다. 하지만 전체적으로 평균을 계산하면 합리적 결정에 수렴한다는 것이다. 사회에는 많은 사람이 있고, 어떤 사람은 과도한 결정을, 다른 사람은 너무 소심한 결정을 할 수 있다. 하지만 사회 전체적으로 평균을 계산하면 합리적 결정으로 수렴할 수 있다. 한 사람의 경우나 한 사회의 경우 모두 비합리적 결정이 자주 나타나기는 하지만 평균적으로는 합리적 의사 결정이 나타난다는 것이다. 하지만 만약 평균이 비합리적 수준이라면? 일관되게 편향된 의사 결정을 한다면? 이 질문이 행동경제학의 주된 관심사이다.

행동경제학의 비합리적 개인

최근에 가장 대중적으로 알려진 합리성 비판은 행동경제학 진영의 비판이다. 카너먼과 트버스키에 의해 촉발된 행동경제학의 흐름은 이후 많은 학자에 의해 이어져 오고 있다. 예를 들어, 미국의 경제학자 탈러(R. Thaler, 1945~)는 행동경제학에서의 공헌으로 2017년 노벨 경제학상을 수상하였다. 심리학에서 출발한 행동경제학은 사람들의 의사 결정과 행동에 있어서 신고전파 경제학의 합리적 선택에서 벗어나는 경우를 이해하고자 하며, 실험경제학의 실험 분석이 주로 이용된다. 앞에서 보았듯이, 신고전파 경제학 내에서 개인에 대한 시각은 주관적 심리에 관한 관심에서 객관적 선택에 대한 수리적 분석으로 무게 중심이 이동해 왔는데, 행동경제학은 다시 심리에 관한 관심을 불러일으켰다.

행동경제학에 따르면 사람들은 비합리적이다. 그런데 단순히 비합리적인 것이 아니라 일관적이고 체계적으로 비합리적이다. 어쩌다가 한 번씩 비합리적으로 행동하는 것이 아니다. 대부분의 의사 결정에서 비합리적 편향을 보여 준다. 행동경제학에서 자주 지목하는 비합리적 특성들이 있다. 이들 중 몇 가지를 살펴보자.

손실회피 현상

100만 원을 얻을 때의 기쁨과 100만 원을 잃을 때의 슬픔을 측정할 수 있다면 기쁨과 슬픔의 절대량은 같을까? 호모 이코노미쿠스라면 동일하다. 하지만 현실의 사람들은 그렇지 않다. 이익을 좋아하는 것보다 손실을 싫어하는 정도가 더 크다. 사람들이 느끼는 이익과 손실은 비대칭적이다. 대략 이익과 손실의 액수가 같다면 이익에서 느끼는 기쁨보다 손실에서 느끼는 슬픔이 2배 크다고 한다. 동전을 던져서 앞면이 나오면 10만 원을 받고, 뒷면이 나오면 9만 원을 내는 게임이 있다. 이 게임을 할 것인가? 확률적으로 기대할 수 있는 이득은 만 원이다. 게임을 하는 것이 이득이다. 그러나 아마 사람들은 이 게임을 하지 않을 것이다. 10만 원의 이익보다 9만 원의 손실이 더 크게 느껴지기 때문이다. 앞면일 때 20만 원 받는다면 고려해 볼 수 있다. 20만 원의 이익과 9만 원의 손실이 사람들의 심리 속에 동등할 수 있다.

이러한 손실회피 현상은 1979년 카너먼과 트버스키가 발표한 '전망 이론'(prospect theory) 논문[1]에서 제시되었다. 전망 이론에 따르면, 사람들은 확실한 이득이 수반되는 선택에서는 위험을 회피하고 확실한 손실이 수반되는 선택에서는 위험을 추구한다. 이는 사람들에게 긍정적인 것보다 부정적인 것이 더 큰 영향을 미친다는 가설로 이어진다. 칭찬을 들으면 기분이 좋고, 비난을 들으면 기분이 나쁘다. 그런데 비난이 주는 영향이 더 크다. 칭찬은 잠깐이지만 비난은 두고두고 마음에 남는다. 사이 좋은 친구도 비수를 꽂는 말 한마디에 원수가 되지 않는가.

1 Kahneman and Tversky(1979).

비합리적 할인율

다음 중 어느 것을 선택하는 것이 합리적인가? 지금 300만 원 받기 vs 10년 후 300만 원 받기. 당연히 전자를 택하는 것이 합리적이다. 같은 액수라면 미래보다 현재 받는 것이 더 높은 가치를 지닌다. 미래에 받을 액수의 현재 가치는 그 액수보다 낮다. 10년 후 300만 원의 현재 가치는 250만 원일 수도 있고, 280만 원일 수도 있고, 290만 원일 수도 있다. 어쨌든 300만 원보다 낮다. 이 낮은 정도를 경제학에서는 할인율이라는 개념으로 표현한다. 쉽게 생각하면 이자율이 대표적인 할인율이다. 할인율이 10%라면 1년 후 100만 원의 현재가치는 90만 원이다.

사회초년생이 첫 직장에서 연봉협상을 한다.

1번 연봉 안은 첫해 월급이 100만 원이고 이후 조금씩 증가하여 10년 후 300만 원이 된다.

2번 연봉 안은 첫해 월급이 300만 원이고 이후 조금씩 감소하여 10년 후 100만 원이 된다.

어느 안을 선택할 것인가? 현재가치와 미래가치, 할인율 개념을 알고 있는 합리적 개인이라면 2번 안을 선택한다. 그런데 신기하게도 현실의 사람들은 1번 안을 선호하는 경우가 많다. 왜 현실에서는 사람들이 비합리적인가? 이 경우 사람들이 2번 안을 싫어하는 이유를 단순하게 설명하면 월급이 점점 더 낮아지면 괴롭기 때문이다. 이성적으로 할인율을 계산하지 않고 그냥 감정적으로 느끼는 것이다.

접근성 편향

미국에서는 총기 사건이 종종 큰 사회적 이슈로 등장한다. 미국에서 총기에 의한 살인으로 사망한 건수와 총기로 자살하여 사망한 건수를 추정하라고 질문하면 대부분 살인 사망 건수가 많다고 대답한다. 그러나 실제 통계로는 자살 건수가 살인 건수보다 거의 두 배나 많다. 사람들은 뉴스에서 접한 살인이 뇌리에 남아 있어서 더 많이 일어날 것이라고 짐작한 것이다. 사례를 쉽게 떠올릴 수 있는 사건을 사람들은 더 많이 일어난다고 판단하는 것이 접근성(availability) 편향이다. 실제 통계 수치와는 무관하게 판단하는 것이다.

접근성 편향을 잘 보여 주는 실험이 있다. 영어권 사람들에게 소설 몇 장을 읽게 한 뒤 다음과 같이 질문한다.

첫째, 알파벳 일곱 글자로 된 단어 중 'ing'로 끝나는 단어는 몇 개인지?

둘째, 알파벳 일곱 글자로 된 단어 중 여섯 번째 자리에 'n'이 들어간 단어는 몇 개인지?

물론 정확한 숫자를 맞히기는 힘들 것이고 그냥 추측해서 답을 작성하는 것이다. 대부분 첫 번째 질문에 대한 답, 즉 'ing'로 끝나는 단어가 많다고 추측하였다. 논리적으로 생각하면 일곱 글자 단어가 'ing'로 끝난다면 그 단어는 당연히 n이 여섯 번째 자리에 들어간다. 첫 번째 종류의 단어는 두 번째 종류의 단어에 포함된다. 따라서 두 번째 답이 첫 번째 답보다 많아야 한다. 왜 사람들은 비합리적인 답변을 하였을까? 사람들은 여섯째 자리에 'n'이 들어가는 단어는 떠올리기 쉽지 않았을 것이지만, 'ing'로 끝나는 단어는 쉽게 생각할 수 있기 때문이다.[2]

대표성 편향

어떤 대상을 평가할 때 그 대상의 여러 속성들을 종합하여 판단하는 것이 합리적이다. 하지만 실제로는 특정 부분만을 과도하게 주목해서 판단하는 경우가 많다. 이것이 대표성 편향인데, 부분을 전체와 동일시하는 것이다. 어떤 사람을 평가할 때, 그 사람이 나와 같은 지역 출신이나 같은 학교 출신이라는 이유로 그 사람을 좋게 평가하는 경우가 있다. 합리적 인간이라면 한 사람의 다양한 측면을 종합적으로 판단해서 평가해야 한다.

대표성 편향과 관련해서 유명한 실험 사례가 있다. 소위 린다 문제(Linda problem)이다. 린다는 가상의 인물인데 다음과 같이 설정

2 Tversky and Kahneman(1983).

한다.

31세 여성, 독신, 대학에서 철학 전공, 사회 정의에 관심 있고 반핵 시위에 참여했음.

사람들에게 이 사람이 은행원일 확률을 추측하라고 질문한다. 그리고 은행원이면서 여성 운동가일 확률을 물어본다. 간단한 수학 지식만 있어도 전자 확률이 후자 확률보다 커야 한다는 것을 알 수 있다. 후자는 전자에 포함되기 때문이다. 그러나 사람들은 후자의 확률, 즉 은행원이면서 여성 운동가일 확률을 더 크게 추측하였다. 린다에 대한 설명이 전형적인 여성 운동가의 모습이라고 사람들은 생각하였다. 확률 계산에 맞지 않는 비논리적 결론이지만 직관적인 판단에 따른 것이다. 또한 이것은 결합 오류(conjunction fallacy)라고 부르는데, 하나의 경우가 발생할 확률이 두 경우가 동시에 발생할 확률보다 크지만, 사람들은 후자의 확률을 더 크다고 믿는 오류를 말한다.

프레이밍 효과

프레이밍 효과(framing effect)는 같은 상황도 어떠한 프레임으로 보느냐에 따라 다른 상황으로 인식하고 다른 판단을 내리는 것을 말한다. 정보가 제시되는 방식이 바뀌면 인식과 판단도 바뀐다. 많이 사용하는 명제로 "잔에 물이 반밖에 남지 않았다 vs 잔에 물이 반이

나 남았다"를 생각해 볼 수 있다. 객관적으로 같은 상황, 잔에 물이 절반이 있는 상황도 프레임에 따라 다른 느낌을 준다.

600명이 사는 마을에 전염병이 발생하였다. 다음 중 어떤 방역 대책을 선택할 것인가?

A 대책은 200명이 살 수 있고, B 대책은 33% 확률로 600명을 살리고 67% 확률로 모두 죽는다.

이 질문에 대부분 A를 선택한다. 확실히 200명을 살리는 결과를 선호한다. 이제 조금 다른 대책을 비교해 보자.

C 대책은 400명이 죽고, D 대책은 33% 확률로 모두 살고, 67% 확률로 600명이 죽는다.

이 질문에 대부분 D를 선택한다. 확실히 400명이 죽는 대책은 피하는 것이다. 사실 A와 C, B와 D는 각각 같은 대책이다. 같은 정보를 다른 방식으로 제시한 것뿐이다. 그런데도 사람들의 선호는 달라졌다. A vs B 비교는 생존이라는 긍정적 프레임을 제시하였다. C vs D 비교는 사망이라는 부정적 프레임을 제시하였다. 프레임이 다르면 다른 인식과 판단을 한다는 결과를 보여 준다.

행동경제학의 이중 시스템 이론

손실회피, 비합리적 할인율, 접근성과 대표성 편향, 프레이밍 효과 등 행동경제학은 합리성에서 벗어난 판단과 행동에 대해 다양하게 분석하였다. 이러한 행동경제학의 핵심 이론으로 생각과 사고의 이중 시스템 이론을 들 수 있다. 사람이 생각하는 과정은 두 가지 체계에 따라 작동한다. 하나는 직관적이고 감정적인 과정으로 본능과 습관에 따라 사고와 인지 과정이 이루어진다. 일상생활의 대부분 의사 결정과 행동은 이런 방식으로 이루어진다. 또 하나는 의도적이고 논리적인 과정으로 이성과 추론에 따른다. 의식적으로 탐색하고 계산하는 과정으로 이루어진다. 전자를 시스템 1, 후자를 시스템 2로 부른다. 시스템 1은 자극이 있을 때 즉각적으로 수행되는 과정인 데 반해, 시스템 2는 천천히 분석하는 과정을 거친다.

자동차 운전을 처음 배우는 사람은 운전을 의식적으로 수행한다. 즉, 시스템 2를 이용한다. 시동을 걸고, 출발한 뒤 도로에서 획득한 시청각 정보를 종합하여 적절하게 자동차를 통제한다. 차선을 변경할 때, 신호등 앞에서 정지할 때, 주차장에서 주차할 때 필요한 작업을 생각해서 적절하게 수행해야 한다. 이 복잡한 작업을 수행하기 때문에 초보 운전자는 땀을 뻘뻘 흘릴 수밖에 없다. 시스템 2를 작동하기는 쉬운 일이 아니다. 그러나 경험이 쌓이면 능숙하게 운전할 수 있다. 숙련된 운전자가 되면 자주 다니는 길에서는 운전에 집중하지 않는다. 오늘 할 일, 또는 오늘 있었던 일을 생각하고, 어제 보았던 영화와 들었던 음악을 떠올리며 운전한다. 특별히 운전에 집중하지 않더라도 몸은 자동으로 반응해서 편안하게 운전한다. 시스템 1이 작동하는 순간이다.

행동경제학은 일반적인 의사 결정에서 시스템 1이 더 큰 비중을 차지한다고 본다. 시간도 오래 걸리고 인지적 자원을 많이 사용해야 하는 시스템 2보다 직관적이고 즉각적이며 자동으로 사고하는 시스템 1을 사용하여 대부분의 의사 결정과 행동이 이루어진다. 수많은 심리 실험의 결과에 따르면, 사람들은 시스템 1을 사용하여, 합리적 선택보다는 특정 편향을 지닌 비합리적 선택을 많이 한다. 물론 사람들은 시스템 1과 2를 모두 가지고 있고, 상황에 따라 시스템 1이 작동하기도, 시스템 2가 작동하기도 한다. 이중인격과 같은 모습으로 이해할 수 있다.

시스템 1이 비합리적 선택과 연관되기는 하지만 강력한 장점이 있다. 빠르다는 것이다. 자극과 정보를 주면 즉시 반응하는 시스템이다. 시간이 없고 급박한 상황이라면 한가하게 분석하고 숙고하는 방법을 취할 수 없다. 위급한 환자를 처리하는 119 구급대원과 병원 응급실, 화재 현장에서의 소방관 등 빠른 판단이 필요한 경우에는 시스템 1과 같은 방식의 판단 절차를 이용한다. 모든 정보를 종합적으로 판단하고 계산하지 않는다. 정보의 단순한 측면만을 파악하여 즉각적으로 반응한다.

사실 인간의 사고 체계를 이런 식으로 두 가지로 구분하는 이론은 철학, 심리학과 인지과학 등에서 흔하게 나타나는 이론이다. 사람들의 정신과 마음을 이성과 감정으로 구분하는 것은 고대 철학부터 나타난 유구한 전통이다. 이상과 현실을 구분한 플라톤 이후로 오랫동안 사상의 흐름 속에 존재해 온 이원론이 떠오른다. 시스템 1과 시스템 2, 이 구도는 감성과 이성이라는 전통적인 이분법과 잘 어울린다.

최근 많은 분야의 학자들이 이중 시스템 견해의 이론적 근거에 대해 비판을 제기하고 있다. 독일 심리학자 기거렌저(G. Gigerenzer, 1947~)가 대표적인 학자이다. 경제학 내에서는 이중 시스템 관점의 현실 설명력에 의문을 제기하기도 한다. 합리성 가정을 대신하는 또 다른 비현실적 가정이라는 비판도 나온다. 현실성 문제를 언급하기 이전에 이중 시스템 관점은 이론적으로도 난점을 지니고 있다. 예를 들어, 이런 질문을 할 수 있다. 시스템 1과 시스템 2를 어떻게 구분할 수 있는가? 시스템 1과 시스템 2는 존재하는가? 인간의 뇌에서 두 시스템을 서로 다른 영역에서 담당하는가? 이러한 질문들에 대해 철학, 심리학, 인지과학 등에서는 설득력 있는 해법이 힘들다는 주장이 많이 나오고 있다. 사실 합리적 개인 이론도 대부분의 인문사회과학 분야에서는 더 이상 인정하지 않는 가설에 불과하다. 행동경제학의 이중 시스템 이론도 합리성 이론과 비슷한 운명으로 가고 있는지도 모른다.

여전히 호모 이코노미쿠스

일관된 선호를 지니고 체계적으로 분석하여 논리적으로 선택하는 호모 이코노미쿠스는 시스템 2에 가깝다. 합리적 의사 결정은 정확한 계산과 논리적 분석에 근거하여 이루어진다. 하지만 주어진 제약 조건에서 최적화 작업을 수행하는 것이 합리적 결정이라면 시스템 1도 이런 의미에서 합리적일 수 있다. 한정된 시간과 사고 능력이라는 제약 조건이 있기에 최적화 작업은 적절한 수준에서 이루어져야 한다. 모든 정보를 수집하고 슈퍼컴퓨터를 이용하여 계산한 뒤 내리는 의사 결정은 최적 수준이 아닐 것이다. 하지만 여전히 합리성은 시스템 2 친화적이다. 대부분 학자는 명시적이지는 않더라도 암묵적으로 합리적 의사 결정은 시스템 2를 이용한 결정이라고 생각한다.

행동경제학은 신고전파 경제학의 합리적 선택 가정보다 현실에서의 인간의 선택을 더 잘 설명한다. 하지만 호모 이코노미쿠스 개념은 여전히 힘을 발휘하고 있다. 이러한 상황은 미국 경제학자 탈러와 법학자 선스타인(C. Sunstein, 1954~)이 공저한, 행동경제학의 대표적인 베스트셀러 『넛지』(*Nudge*)에 잘 나타나 있다. 경제 정책에 대한 행동경제학의 주장은 시스템 1을 사용하는 사람들이 합리적인 시스템 2를 사용하도록 이끄는 것이다. 단, 강제로 하는 것이 아니라 시스템 2의 방향으로 유인하는, 즉 '넛지'(nudge)하는 것이다. 이러한 경제 정책 지침에는 결국 시스템 2의 방향이 이상적이며 시스템 1은 결함이 있다는 관점이 내재하여 있다. 시스템 1에 의한 행동과 결정은 오류가 있는 것이며 교정해야 한다는 것이다.

현실의 개인이 이상적인 합리적 개인이 될 수 있도록 도와야 한다는 것이 행동경제학의 정책적 함의인가? 만약 그렇다면 행동경제학은 신고전파 경제학의 비현실적인 합리성 가정에 도전하는 것이 아니라 계승하는 셈이 된다. 합리적 개인 가설을 비판하며 등장한 행동경제학이 다시 합리적 개인 가설을 받아들인다면, 자기모순에 빠지게 된다.

나를 나답게 만드는 것은 무엇인가?

나는 스스로 의사 결정을 하고 행동한다. 나는 다른 사람과 구분되는 독립적 개인이기 때문이다. 나는 나만의 독특한 취향, 의지, 경험이 있다. 방법론적 개인주의는 이러한 개인을 분석의 출발점으로 삼는다. 방법론적 개인주의에 기반한 신고전파 경제학은 합리적 개인에 기반하여 사회를 분석한다. 호모 이코노미쿠스가 바로 합리적 개인인데, 합리적 개인은 합리적 선호를 지니고 있고, 합리적 선호는 일관적 선호를 의미한다. 개인은 자신만의 일관된 선호를 지니고 있기에 다른 개인과 구분되는 것이다.

다른 개인과 구분되는 개인은 어떤 성질을 지니는가? 인간은 서로 다른 육체로 구성되어 있기에 당연히 서로 구별될 수 있는 듯하다. 하지만 개인이 의사 결정 주체로서 다른 개인과 구분되는지가 중요하다. 경제학에서는 경제 행위의 주체로서 개인을 강조하고, 행위와 결정의 기반이 되는 선호에서 출발한다. 일관된 선호가 중요한 이유이다. 나는 사과를 좋아하고 내 친구는 배를 좋아한다. 나와 내 친구가 구분되는 것은 서로 다른 고유의 선호를 지니고 있기 때문이며, 이러한 선호는 바뀌지 않는다. 내가 사과를 좋아하다가 배를 좋아하기도 하고, 이랬다저랬다 하면 내 친구와 구분되는 나의 정체성을 말하기는 어렵다.

호모 이코노미쿠스 개념을 비판하며 등장한 행동경제학도 일관적 선호 가정은 유지된 것처럼 보인다. 단, 일관된 선호가 비합리적인 편향을 지닌 심리가 일관되었다는 것을 의미할 뿐이다. 하지만 프레이밍 효과처럼 맥락에 따라 선호가 달라지는 현상도 행동경제학에서는 지적하고 있다. 일관된 선호라는 가정은 논리적으로 굳건한 조건이 아닐 수 있다.

시간이 흘러도 나는 여전히 같은 개인인가?

개인은 어떻게 정의되는가? 여러 분야의 학자들이 이에 대해 많은 논의를 수행하였는데, 이러한 논의를 거슬러 올라가면 고대 그리스 철학자 아리스토텔레스를 만나게 된다. 아리스토텔레스는 플라톤의 이데아론을 반박하며 개체의 개별화 원리를 제시하였다. 플라톤은 이데아가 진정한 실체라고 주장하였다. 현실에서 볼 수 있는 의자를 생각해 보자. 세상에는 수많은 의자들이 존재한다. 모양도 크기도 색도 다 다르지만 모두 의자이다. 그렇다면 이렇게 서로 다른 의자들을 의자라고 인식할 수 있는 것은 우리의 관념 속에 의자라는 추상적 개념이 존재하기 때문이다. 플라톤은 바로 이 추상적 의자가 진정한 실체라고 주장한다. 아리스토텔레스는 이러한 생각에 반대하였다.

아리스토텔레스는 실체가 관념이 아닌 현실에 있다고 주장한다. 감각을 통해 경험하는 것이 실체이다. 개별적 실체는 질료와 형상으로 이루어져 있다. 질료는 재료, 형상은 구조를 의미한다. 벽돌집은 벽돌이라는 질료와 집이라는 구조로 이루어진다. 플라톤의 실체는 순수하고 완전한 이데아이지만, 아리스토텔레스의 실체는 변화하며 완전성을 향해 나아가는 것이다. 변화하는 실체라는 개념은 사람이나 동식물을 생각하면 잘 어울린다. 탄생해서 성장하고 결국 죽는 생물은 끊임없이 변화한다.

개인은 변화한다. 아기로 태어나서 청소년기를 거쳐 성인으로 성장한다. 이런 변화를 거치면서도 개인이 독립적인 실체로 다른 개인과 계속 구별되어야 한다. 오늘의 나와 내일의 나는 같은 개인인가? 나는 어릴 때 나와 같은 개인인가? 이 질문에 답할 수 있어야 한다. 한 개인이 유아일 때, 청소년일 때, 성인일 때, 노인일 때의 특성은 상당 부분 변한다. 이런 변화 속에서도 개인이 독립적이고 다른 개인과 구분되려면 변하지 않는 어떤 특성이 있어야 한다.

경제학에서 한 개인은 선호가 일정해야 한다. 한 개인의 유아 시절 선호와 성인 시절 선호는 같은가? 일반적으로 그렇지 않다. 애니메이션을 좋아하던 아이가 성인이 되면 스릴러 영화를 좋아한다. 한 시점에서 다른 개인과 구분되는 개인도 시간이 흐름에 따라 고유한 특성이 계속 유지되기는 쉽지 않다. 나와 내 친구는 구분되는 별개의 개인이지만, 10년 전의 나와 지금의 나는 별개의 개인이 아닌 같은 인물이어야 한다.

이 주제는 경제학에서 말하는 시점 간 선택 문제로 연결된다. 내가 지금 내리는 선택은 미래의 나에게 영향을 미친다. 만약 지금의 나와 미래의 나, 이 둘이 서로 다른 선호를 지닌다면 문제는 복잡해진다. 현재의 나를 미래의 나와 동일시해야 한다. 하지만 현재의 나는 미래의 나와 다른 선호를 가질 가능성이 높다. 현재의 나는 미래의 내가 건강하기를 바라면서 피트니스 센터 1년 회원권을 구매한다. 하지만 1달 후 나는 운동하는 것이 귀찮아서 더 이상 피트니스 센터에 가지 않는다. 선호가 변경되었다. 여기서 진정한 나는 누구인가? 운동을 결심한 1달 전 나인가? 운동을 귀찮아하는 1달이 지난 현재의 나인가?

교육, 결혼, 출산, 주택, 자동차, 직장, 은퇴, 의료 서비스 등 인생에서 중요한 결정들은 대부분 미래의 삶에 영향을 미친다. 이러한 결정의 합리성은 누구의 선호를 근거로 판단해야 하는가? 결정을 내리는 당시의 개인인가, 아니면 결정이 영향을 미치는 미래의 개인인가? 이 문제는 경제 정책을 생각하면 사회 전체의 중요한 문제가 된다. 경제 정책은 사람들의 선호에 기반한다. 어느 시점의 사람들을 근거로 경제 정책을 평가해야 하는가? 이러한 난제는 신고전파 경제학뿐 아니라 행동경제학에도 마찬가지로 적용된다. 특히, 행동경제학은 시점에 따라 달라지는 선호를 지적한다. 할인율은 비일관적이다. 그렇다면 경제 정책의 근거는 취약하다. 개인의 선호를 집계해서 경제 정책을 집행한다. 그런데 개인의 선호라는 근거가 확실하지 않다면?

chapter 06

사회적 선호

최후통첩 게임

사회적 선호

강한 상호성

강한 상호성 실험 – 최후통첩 게임, 독재자 게임, 공공재 게임

다시 사회적 선호에 대해

강한 상호성 논쟁

학습 가설과 착각 가설

사람들은 자신의 이익을 위해 최선을 다한다. 이것이 경제학에서 암묵적으로 가정하는 것이고, 이기심 가정이라고 한다. 초기 신고전파 경제학은 이기심 가정하에 논리를 전개하였다. 하지만 20세기 중반부터 이기심 가정은 점점 약화하였다. 인간의 사고 과정을 수학적 원리로 분석하는 경향이 강해지고, 인간의 심리 자체는 일관성만 지키면 된다. 폰 노이만과 모르겐슈테른의 기대효용 이론이 대표적이다. 앞서 설명한 행동경제학의 공헌은 경제학에서 다시 인간 심리를 핵심 주제로 세운 것이다.

현재 신고전파 경제학에서 이기심 가정은 명시적으로 제시되지 않는다. 신고전파 경제 이론에서 꼭 필요한 가정은 아니다. 사람은 이기적일 수도 이타적일 수도 있다. 하지만 대부분 경제 이론은 이기심 주장을 암묵적으로 가정한다. 사람들이 자기 이익을 추구한다는 가정은 직관적으로 설득력이 있어 보인다. 하지만 이 가정은 많은 비판을 받고 있다. 현실에서 자기 이익을 추구하지 않는 경우가 꽤 발견되기 때문이다. 더군다나 많은 실험에 따르면 사람들은 이기심에 따라 결정하지 않는다. 유명한 실험으로 최후통첩 게임 실험이 있다.

최후통첩 게임

실험실에서 실험 참가자들을 2인씩 짝을 지워 준다. 2인은 서로 의사소통을 하지 못하도록 다른 장소에 있는다. 한 사람에게 1만 원을 주고 다른 참가자와 이 돈을 나누어 가지라고 한다. 돈을 받은 참가자는 다른 참가자의 몫을 제안해야 한다. 돈은 1,000원 단위로 나눌 수 있고 최소한 상대방에게 1,000원은 제안해야 한다고 하자. 내가 8,000원을 갖고 상대방은 2,000원을 갖는 안을 제안할 수 있고, 내가 6,000원, 상대방은 4,000원, 또는 내가 3,000원, 상대방은 7,000원 등 다양한 제안을 생각해 볼 수 있다.

돈을 받은 참가자가 어떤 제안을 할지 결정하면 이 제안을 다른 장소에 있는 참가자에게 전달한다. 다른 장소에 있던 참가자가 이 제안을 받아들이면 그 제안대로 돈을 나누어 갖게 된다. 만약 제안을 거절한다면? 참가자 2인은 아무 돈도 받지 못하고 실험은 끝난다. 이 게임에서 제안자의 제안도 중요하지만, 응답자의 수락 또는 거절 여부도 중요하다.

자신의 이득을 극대화하기를 원하는, 즉 이기심 가정에 충실한 개인이라면 9:1 제안, 즉 본인은 9,000원, 상대방은 1,000원을 갖는 안을 제안할 것이다. 상대방은 이 제안을 거절하면 0원, 받아들이면 1,000원을 받는다. 당연히 1,000원을 받으려고 할 것이다. 아무것도 못 받는 것보다 1,000원을 받는 것이 낫지 않은가? 제안을 받아들이기만 하면 1,000원이 생긴다. 자신의 이득을 생각하는 개인이라면 이 제안을 받아들인다. 합리적 개인들이 이 게임을 한다면 이론적으로 결과는 9:1이 나와야 한다.

최후통첩 게임은 전 세계에서 다양한 방식으로 수많은 실험이 수행되었다. 그렇다면 실제 실험 결과는? 놀랍게도 6:4 또는 5:5 정도의 관대한 제안이 가장 많이 나오고, 이러한 제안은 응답자에 의해 받아들여진다. 8:2 또는 9:1 제안도 나오기는 하지만 절반 이상 거절당한다. 왜 이런 비합리적 결과가 나오는 것인가? 학자들은 이 결과에 대해 다양한 해석을 제시해 왔다. 가장 자주 제시된 논리는 사람들은 자신의 이득뿐 아니라 공정성 또한 중요하게 생각한다는 것이다. 9:1 제안은 누가 보아도 공정하지 않다. 그래서 이런 불공평한 제안은 잘 나오지도 않고, 제안되더라도 거절당한다는 것이다. 여기서 예로 든 1만 원이라는 액수가 너무 적은 탓이라고 생각할 수도 있다. 하지만 아주 큰 액수로 진행한 실험도 있다. 결과는 다르지 않다. 의사 결정에서 자신의 이득만 고려하는 것은 아니다.

사회적 선호

신고전파 경제학의 이기심 가정을 비판하는 다양한 흐름이 있다. 최근에는 사회적 선호(social preferences)를 주장하는 진영이 가장 주목받고 있다. 이는 행동경제학의 일부 영역으로 평가받기도 한다. 사회적 선호란 무엇인가? 다양한 정의가 존재한다. 일반적으로 자기 이익이 아닌 타인이 받는 보상에 대해 동기 부여되는 선호를 말한다. 나의 이익뿐 아니라 타인의 이익도 고려하는 선호이다. 물론 사회적 선호에는 자기 이익에 대한 선호가 배제되는 것은 아니다.

사회적 선호에는 여러 가지 유형의 선호가 포함된다. 첫째, 이타적 선호가 있다. 이는 아무 조건 없이 타인의 이익을 위해 행동하는 것을 말한다. 이타적 선호도 이기적 선호에 포함된다고 주장하는 학자도 있다. 상대방을 돕는 것은 나중에 다시 내가 도움을 받을 것이라는 기대가 있다는 것이다. 이에 따르면, 이타적 행위는 사실상 이기심에 기초한 장기적인 이득 추구 행위이다. 다만 이 가설의 약점은 나중에 다시 만날 수 없는 상대방에게도 호의를 베푸는 사례와 실험 결과가 있다는 것이다. 이기심 가정에 기반한 또 다른 설명은 이렇다. 남을 위해 행동을 하면 자신의 기분이 좋다. 착한 일을 하면 칭찬도 받는다. 따라서 이타적 선호도 결국 자신의 이득을 위한 선호일 수 있다. 다만 남을 도울 때 왜 기분이 좋은지를 설명해야 하는 과제가 남아 있다. 뒤에 나올 진화적 이론이 잘 설명할 수 있다.

둘째, 사람들은 불평등한 상황을 싫어한다. 불평등 회피 성향은 특히 물질적 자원을 배분하는 상황에서 자주 나타나는데, 이기적 선호와 이타적 선호가 복합적으로 작용하는 듯 보인다. 이타적으로 남이 많이 분배받는 것을 좋아하지만, 그 결과 내 몫이 줄어드는 것은 싫어한다. 따라서 평등한 분배가 최상의 결과가 되는 것이다.

셋째, 공정성 선호가 존재한다. 사람들은 공정한 과정과 결과를 원한다. 공정성 선호는 불평등 혐오와 일맥상통한다. 두 선호는 뚜렷이 구분되지는 않지만, 일반적으로 불평등 혐오는 결과에 대해,

공정성 선호는 과정에 대해 작용한다.

넷째, 여기에서 주로 살펴볼 강한 상호성(strong reciprocity) 선호가 있다.

강한 상호성

상호성은 상대방의 호의에는 호의로, 악의에는 악의로 대응하는 것이다. 흔히 팃포탯(tit-for-tat)이라 한다. 눈에는 눈, 이에는 이. 예를 들어, 죄수의 딜레마 게임에서 상대방이 협력하면 나도 협력하고, 상대방이 배신하면 나도 배신하는 전략이다. 강한 상호성은 이 상호성이 강하다는 것이다. 협력하는 상대방에게 단순히 협력하는 정도를 넘어서 지나칠 정도의 이타적 보상을 준다. 또한 나에게 해를 끼치지 않더라도 서로 협력한다는 사회적 규범을 어기는 사람이라면 내 비용을 들여서라도 제재를 가한다. 무임승차자를 처벌하려는 성향이 대표적이다.

강한 상호성은 경제학자를 포함한 많은 사회과학자와 생물학자들이 주장하고 있다. 대표적인 학자로 미국 경제학자 볼스(S. Bowles, 1939~)와 긴티스(H. Gintis, 1940~2023), 미국 인류학자 보이드(R. Boyd, 1948~), 스위스 경제학자 페르(E. Fehr, 1956~), 미국 생물학자 리처슨(P. Richerson, 1943~) 등이 있다. 이들은 이기심에 기반한 신고전파 경제학의 효용함수에 타인을 고려하는 선호 등을 포함해 인간의 이타적 행동을 설명한다.

강한 상호성 실험-최후통첩 게임, 독재자 게임, 공공재 게임

앞에서 설명한 최후통첩 게임에서 불공정한 제안은 거절당한다. 제안을 받아들이는 것이 나에게 이득이 되더라도 상대방의 비협력적 태도에 대해 나도 협력하지 않는 것이다. 이러한 상호성 반응을 예상한 제안자는 비교적 공정한 제안, 즉 6:4 또는 5:5를 제안한다. 상대방이 상호적 인간일 수 있기에 거절당하지 않기 위해 공정한 제안을 한다면, 이러한 제안도 결국 본인의 이익을 위한 것일 수 있다. 즉, 실험 결과를 이기심 가정으로 설명할 수 있다. 과연 그런가?

이기심 가정으로 최후통첩 게임의 실험 결과를 설명할 수 있는가? 이 질문에 대한 답을 찾기 위해 다른 실험을 살펴보자. 최후통첩 게임에서 응답자의 수락 또는 거부할 권리를 제거한 것이 독재자 게임이다. 이 게임은 최후통첩 게임과 규칙이 거의 같지만 응답자의 응답은 필요 없다. 제안자가 제안한 대로 돈은 나누어 갖는다. 이제 제안자는 응답자가 거절할 경우를 고려할 필요가 없다. 제안자가 순전히 이기심에 기반하여 제안한다면 9:1 제안이 나와야 할 것이다. 그러나 독재자 게임 실험에서도 제안자는 일반적으로 8:2 또는 7:3 제안을 제시한다. 최후통첩 게임보다는 자신의 이득을 고려한 결과이다. 하지만 여전히 자신의 이득을 극대화한 9:1 제안을 하지는 않는다.

강한 상호성 이론에 따르면, 사람들은 자신이 비용을 부담하더라도 비협력적인 상대방을 처벌하려는 의지가 있다. 최후통첩 게임에서 불공정한 제안을 받은 응답자는 상대방을 제재하고 싶은 의도에서 거부할 수 있다. 일종의 처벌인 셈이다. 나아가 좀 더 적극적으로 처벌할 방법이 있다면? 제3자 처벌 게임으로 이러한 생각을 확인할 수 있다. 이 게임에서는 2인의 참가자가 독재자 게임을 하는데, 이를 관찰하는 제3자가 존재한다. 제3자는 독재자 게임에서 제안자가 부당한 제안을 하는 경우 제안자가 받을 금액 중 일부를 감소시킬 수 있다. 단, 제3자는 게임 결과와 상관없이 일정액을 받을 수 있는데, 부당한 제안자를 처벌하기 원한다면 본인에게 주어진 금액 중 일부를 사용해야 한다. 자신이 비용을 들여서라도 상호협력이라는 사회적 규범을 어기는 사람을 처벌할 것인가? 실제 실험 결과 제3자의 역할을 맡은 실험 참가자 중 약 60%가 처벌에 나선다.[1]

또 다른 유명한 게임, 공공재 게임을 살펴보자. 공공재 게임은 일반적으로 2인보다 많은 다수가 참여하여 여러 번 진행하는 게임이다. 일단 5명이 게임에 참여한다고 가정해 보자. 참가자는 1만 원을 받고 그중 얼마를 공공재 건설을 위한 자금으로 기부할지 결정

1 Fehr and Fischbacher(2004).

한다. 단순하게 1,000원 단위로 기부한다고 가정하자. 모두 기부 결정이 끝나면 기부 총액에 3을 곱한다. 이렇게 3배가 된 기부 총액을 5명에게 균등하게 분배한다. 만약 5인 모두 2,000원을 기부하였다면 총액은 1만 원의 3배인 3만 원이 되고, 5인이 똑같이 6,000원씩 나누어 가진다. 2,000원을 기부하고 8,000원이 남아 있는 상황에서 6,000원을 돌려받으니 총 1만 4,000원을 갖게 된다.

만약 공공재 게임에서 5인 모두 1만 원을 기부한다면? 총액은 15만 원이 되고 1인당 3만 원을 갖게 된다. 많이 기부할수록 나에게 분배되는 이득도 커진다. 물론 더 이득이 되는 상황도 있다. 나는 한 푼도 기부하지 않고 다른 4인이 모두 1만 원씩 기부한다면 기부 총액은 4만 원의 3배인 12만 원이 되고, 5인은 2만 4,000원씩 나누어 갖게 된다. 그렇다면 나는 기부하지 않았으니 초기 자금 1만 원과 분배받은 2만 4,000원을 합하여 총 3만 4,000원을 갖게 된다. 이 시나리오가 나에게는 가장 이득이 되는 상황이다. 나의 이득을 극대화하려면 나는 기부를 안할 것이다. 무임승차 전략인 셈이다.

문제는 모두 이기심 가정에 충실한 개인들이라면 모두 기부를 안할 것이고, 결국 분배받을 돈은 없고 각자 초기 자금인 1만 원만 남게 된다. 모두 본인의 이익을 극대화하기 위해 결정하였는데 그 결과는 그다지 좋지 않다. 일종의 죄수의 딜레마 상황이다.

공공재 게임의 실제 실험 결과를 예상할 수 있는가? 대부분 처음에는 공공재에 어느 정도 기부한다. 일반적으로 50% 정도 기부한다. 하지만 여러 번 게임을 진행하면 참가자들의 기부 액수는 줄어든다. 분배받은 액수가 기대에 못 미치면 나만 희생할 수는 없다는 생각이 들면서 나도 기부액을 줄이게 된다. 비협력적 참가자들에게 나도 비협조적으로 행동하게 된다. 당신이 기부하지 않으면 나도 하지 않을 것이다! 상호성 성향이 작동한다.

여기서 공공재 게임을 죄수의 딜레마 상황에서 벗어나게 할 규칙이 하나 추가된다. 이 게임을 여러 번 진행하는데, 게임을 할 때마다 각자 얼마를 기부하였는지 공표하는 것이다. 그리고 각자 자기의 자금을 사용해서 다른 사람의 자금을 감소시킬 수 있다. 예를 들어, 내가 1,000원을 사용해서 다른 참가자의 자금 중 2,000원을 감소시킨다고 하자. 아마도 기부하지 않거나 기부 액수가 너무 적은 참가자를 처벌하는 방법이 될 것이다. 단, 다른 참가자를 처벌하기 위해서는 나의 자금을 사용해야 하니 나에게도 비용이 추가된다. 과연 나의 자금을 들여서라도 비협조적인 참가자를 처벌할 것인가?

실제 실험 결과[2]에 따르면, 참가자들은 서로에 대해 처벌할 방법이 있다면 자신의 손해를 감수하더라도 비협력적 참가자에게 제재를 가한다. 이 경우 게임이 반복되면 다시 협력하는 분위기는 되살아나고 기부 액수는 늘어난다. 강한 상호성 선호는 죄수의 딜레마 상황을 벗어나게 하는 요인이 된다.

---

2 Fehr and Gächter(2000, 2002).

다시 사회적 선호에 대해

앞서 보았듯이 사회적 선호는 자신에게 분배되는 자원뿐 아니라 타인에게 분배되는 자원에도 관심을 두는 선호를 말한다. 자신에게 분배되는 자원을 극대화하려는 선호가 이기적 선호이고, 타인에게 분배되는 자원을 극대화하려는 선호가 이타적 선호이다. 자신과 타인에게 분배되는 자원을 균등하게 하려는 선호가 불평등 회피 선호이고, 그 분배 과정이 공평하기를 바라는 선호가 공정성 선호이다. 강한 상호성은 자기 비용을 들여서라도 부당한 타인의 의도와 행동을 참지 않는 성향을 말한다. 다양한 실험 결과와 현실 사회에서의 사례를 통해 보면 사람들은 이기적 호모 이코노미쿠스라기보다 사회적 선호를 지닌 호모 사피엔스이다.

강한 상호성은 타인의 동기를 중요시한다는 측면에서 공정성 선호와 좀 더 밀접한 관계가 있다. 상대방의 친절한 행동에 대해 나도 친절하게 대응하고, 적대적 행동에 대해 나도 적대적으로 대하는 것이다. 여기서 어떤 행동이 친절한 것인지 적대적인지는 그 행동의 결과보다는 배후에 있는 의도에 달려 있다. 따라서 상호성은 행동의 결과 나타나는 물질적 이득 또는 손해와는 직접적으로 연결되지 않는다.

불평등 회피 선호를 지닌 사람은 자원의 평등한 배분을 원한다. 물론 평등하다고 판단하는 기준은 사람마다 다를 것이다. 무조건 균등한 배분을 평등하다고 생각할 수도 있지만, 적절한 선을 지키면 평등하다고 판단할 수도 있다. 불평등을 싫어하는 성향의 사람이라면, 자신의 관점에서 타인의 몫이 평등한 기준에 미치지 못한다면 이에 대해 시정을 요구한다. 이것은 결과적으로 이타적 선호와 같은 양상으로 나타난다. 다만 순수한 이타적 선호라면 타인의 몫이 많을수록 긍정적이지만, 불평등 회피 선호라면 타인의 몫이 평등한 기준을 넘어서서 지나치게 많은 경우 타인의 몫이 줄어들기를 원할 것이다. 공정성 선호를 지닌 개인은 나와 타인의 몫이 결정되는 과정이 공정하다면 결과에서의 불평등은 어느 정도 수용할 것이다.

강한 상호성 이론은 상호성이 사회적 선호에서 특히 중요한 형태라고 주장한다. 일단 현실에서 사람들의 성향이 강한 상호성을 지녔다고 볼 만한 증거들이 많이 나온다. 특히, 사람들을 대상으로 하는 실험에서 이러한 결과가 많이 나타난다. 또한 개인들 간의 상호작용에 대해 이론적으로도 중요한 함의를 지니고 있다.

최후통첩 게임을 생각해 보자. 합리성 가정에 따른 이론적 예측은, 제안자가 자신의 몫을 극대화하는 9:1 제안을 하고 응답자는 이를 받아들인다는 것이다. 제안자가 이러한 제안을 하는 이유는 응답자도 자신의 이득에 관심을 가진 이기적 개인이라고 생각하기 때문이다. 즉, 응답자가 한 푼도 없이 실험을 마치는 것보다 1,000원이라도 받는 것을 원할 것이라고 예상하기 때문이다. 사회의 모든 구성원이 호모 이코노미쿠스이고 모두가 이러한 사실을 알고 있다고 가정한다면, 이러한 이론적 예상은 맞아떨어질 것이다. 하지만 사회는 이기적 개인이 아닌 사회적 개인들로 이루어져 있고, 사람들도 이러한 사실을 직관적으로 느끼고 있다. 실제 실험 결과도 이러한 사실을 뒷받침한다.

사회적 선호 이론에서는 사회의 구성원들이 모두 한 유형으로 이루어져 있다고 생각하지 않는다. 극단적으로 이기적인 호모 이코노미쿠스도 있고, 극단적으로 이타적인 성인(聖人)도 있을 것이다. 하지만 가장 큰 비중은 사회적 선호를 지닌 호모 사피엔스가 차지한다고 생각한다. 이 경우 사회 구성원들의 의사 결정과 행동은 어떠한 모습일 것이며, 사회는 어떤 양상으로 흘러갈 것인가.

한 사회에 이기적 개인과 상호적 개인이 있다고 가정하자. 이기적 개인은 자신의 이익만을 생각하고 기회주의적인 행동을 한다. 하지만 사회에 상호적 개인이 존재한다는 것을 알고 있는 이기적 개인은 자신의 이기적 행동이 처벌받을 가능성에 대해 고려하게 된다. 따라서 이기적 행동을 포기하거나 줄이게 된다. 또한 이기적 개인이 협동적 행동을 하면 상호적 개인으로부터 관대한 보상을 받을 것으로 예상한다면, 이기적 개인도 협조적 행동과 결정을 하게 될 것이다. 즉, 상호적 성향의 개인은 그 존재만으로도 전체 사회의 결과에 영향을 미치게 된다.

많은 학자가 처음에는 상호성을 이기심 가설에 포함되는 것으로 생각하였다. 상호적 행태를 장기적으로 자신의 이득을 높이는 전략으로 간주하였다. 상대방과 현재 협력하는 것은 미래에도 계속 협력하여 서로 높은 이득을 보장받으려는 것이다. 이러한 의미에서 상호성을 약한 상호성이라고 부른다. 그러나 실험을 통해서 또 현실에서의 사례를 통해서 드러난 것은 미래에 상호작용이 일어날 가능성이 없는 상대방에게도 협력적 태도를 보인다는 것이다. 실험에서 상대방이 누군지 전혀 모르게 진행한 때도 실험 참가자들은 상호성과 일치하는 의사 결정을 보여 준다. 약한 상호성과 달리 미래의 이득을 보장받기 위한 것이 아닌 상호성을 강한 상호성이라고 부른다.

게임 이론에서 게임의 실행 형태는 여러 가지로 구분된다. 게임을 한 번만 실행하는 것은 1회 게임, 여러 번 실행하면 반복 게임이라고 부른다. 게임 참가자가 동시에 의사 결정을 내리면 동시 게임, 차례대로 의사 결정을 내리면 순차 게임이라고 한다. 만약 A와 B, 두 사람이 죄수의 딜레마 게임을 하는 경우, A가 먼저 협력과 배신 중에서 하나를 선택하고, B는 A의 결정을 확인한 뒤 본인의 의사 결정을 하는 경우가 있다면 이는 순차 게임이다. 이러한 게임을 실험에서 1회 실행한다고 생각해 보자. B가 순수하게 이타적인 유형의 사람이라면, A가 어떤 결정을 하더라도 B는 협력할 것이다. B가 약한 상호성 유형의 사람이라면, A의 결정과 무관하게 항상 배신을 선택할 것이다. 그것이 자신의 이득을 극대화하는 것이기 때문이다. B가 강한 상호성 유형이라면? B의 결정은 A의 결정에 달려 있다. A가 협력을 선택하면 B도 협력을 선택해서 협조적인 A에게 보상하고, A가 배신을 선택하면 B도 배신을 선택해서 A를 처벌할 것이다.

강한 상호성 논쟁

사람들은 이타적이고 협조적인 행동을 꽤 자주 한다. 실험 결과에서도 잘 나타난다. 이것은 강한 상호성 성향 때문인가? 장기적인 이득을 바라는 이기적 성향 때문이라는 반론이 제기되었다. 자신의 이득을 극대화하려는 호모 이코노미쿠스도 이타적이고 협조적 행동을 할 수 있다. 그러나 이 반론은 1회성 상호작용을 설명하지는 못한다. 누구와 상호작용을 하는지조차 알 수 없는 블라인드 상황에서 최후통첩 게임 실험을 하더라도 실험 참가자들은 관대한 제안을 한다. 따라서 장기적으로 미래의 이득을 고려하여 이타적 행동을 한다는 주장은 설득력이 떨어진다. 그렇다면 강한 상호성에 대한 다른 반론은?

강한 상호성에 대한 또 다른 반론이 있는데, 이에 따르면 실험 상황에서 실험 참가자들이 이타적으로 행동하는 것은 단순한 실수이다. 문제는 실험에서 항상 비슷한 실수를 한다고 생각하기는 어렵다. 또 다른 반론도 있다. 사람들은 자신의 이득을 완벽하게 분석해서 판단하고 행동하지 않는다는 것이다. 인간적인 매력은 컴퓨터로 계산하듯 행동하지 않는다는 것이다. 따라서 합리성 가설의 결과에 완벽하게 100% 맞는 결과가 나올 것으로 예측하는 것이 오히려 비현실적이다. 최후통첩 게임에서 9:1 제안이 나오지 않는다고 아주 이상한 결과는 아니다. 공공재 게임에서 모든 참가자가 개인 자금을 모두 기부하는 것이 전체 모두에게 이득이 되지만 이런 결과는 나오지 않는다. 그렇다고 해서 크게 이상한 것도 아니다. 사람들은 극단적인 전략을 그다지 좋아하지 않는다. 하지만 이러한 방식의 설명은 이론적으로 체계적이지도 분석적이지도 않다.

학습 가설과 착각 가설

강한 상호성 가설에 대한 이론적 비판으로 미래 이득을 고려한다는 주장 외에 다양한 주장이 있다. 예를 들어, 사람들이 잘 몰라서 이타적 의사 결정을 한다는 주장이다. 어떤 행동이 자신에게 이득이 되는지 잘 모른다는 것이다. 분석적이고 합리적으로 판단하는 호모 이코노미쿠스가 되기 위해서는 어느 정도 학습이 필요하다. 합리성 이론에 따르면, 최후통첩 게임에서 9:1 제안이 자신의 이득을 극대화하는 합리적 개인의 제안이고, 이 제안을 받아들이는 것 역시 합리적 개인의 선택이다. 이러한 이론의 예측 내용을 사람들이 잘 알고 있다면 합리적 개인처럼 행동하게 될지도 모른다. 최후통첩 게임을 여러 번 반복하다 보면 실험 참가자도 어느 순간 자신의 이득을 고려한 선택이 무엇인지 깨닫게 될지도 모른다. 즉, 게임을 하다 보면 9:1 제안을 수락하는 것이 자신에게 이득이 된다는 것을 학습할 수 있다.

이러한 학습 상황을 시뮬레이션으로 분석한 연구[3]도 있다. 그 결과는 이기심 학습 가설에 부정적이다. 이기심을 학습하는 데 시간이 너무 많이 걸리기 때문이다. 시뮬레이션을 수천 번 반복해야 호모 이코노미쿠스 전략을 학습하게 된다는 결과가 나온다. 오히려 불공정한 제안을 거절당하면 상대방에게 낮은 금액을 제시하는 것이 손해라는 사실을 학습하게 되므로 이기심이 아닌 상호성을 학습하게 되기도 한다.

실험 참가자들의 이타적 행동이 착각에서 기인한다는 주장도 있다. 사람들이 실험실 상황을 현실과 구분하지 못한다는 주장이다. 현실의 가족, 마을, 학교, 직장, 동호회 등에서 사람들은 서로 아는 관계이고 반복적으로 상호작용을 하게 된다. 이러한 현실에서는 장기적 이득을 고려해서 서로 협력적 행동을 한다. 호모 이코노미쿠스가 현실 상황에서는 이타적 판단을 할 수 있다. 실험실에서 사람들은 현실 상황에서의 행동 패턴을 그대로 보여 준다. 실험 상황은 자주 경험하는 것이 아니므로 현실에서 경험한 익숙한 행동 패턴을 실험실에서 보여 준다는 것이다. 실험 결과가 지역과 문화에 따라 차이가 나타나기도 한다. 이것은 실험 결과가 일상생활과 연관되어 있다는 것을 보여 준다. 앞서 설명한 학습 가설과 결합한다면, 사람들

---

3 Gale *et al.*(1995).

이 현실과 실험을 착각해서 이타적 행동을 하지만 현실과 실험의 차이를 학습하게 된다면 자기 이득을 고려한 행동을 할 것이라고 예상할 수 있다. 이 주장에 대해 강한 상호성 진영은 어떻게 대응하는가?

강한 상호성 학자들은 착각 가설이 게임의 특성을 생각하지 않은 오류라고 반박한다. 최후통첩 게임을 생각해 보자. 제안자는 제안하고 응답자는 응답한다. 단순한 규칙이 적용되는 게임이다. 이러한 게임에서 자신의 이득을 어떻게 극대화할 수 있는지 생각하기가 어려운 것은 아니다. 응답자가 제안을 수락할지 거부할지 결정하는 것은 아주 단순한 계산이 필요한 것이다. 오해의 여지는 거의 없다. 따라서 실험 상황이 복잡해서 현실로 착각하고 이타적 행동을 한다는 착각 가설은 설득력이 약하다. 사실 많은 실험에 따르면 참가자들은 실험을 잘 이해하고 있다. 최후통첩 게임 실험에서 제안자는 실험 상황을 잘 이해하고 응답자의 반응을 정확하게 예측하고 있다는 증거가 많이 나온다.

착각 가설과 학습 가설을 이용하면 공공재 게임의 반복게임 상황을 설명할 수 있다. 예를 들어, 공공재 게임을 10회 반복하는 실험을 생각해 보자. 여러 실험 결과[4]에 따르면, 1회에서는 참가자들이 꽤 많은 액수를 기부하는 이타적 의사 결정을 한다. 이후 게임 횟수가 반복되면 기부 액수는 점점 줄어든다. 이러한 결과를 종종 학

4 Andreoni(1995).

습 가설로 설명한다. 강한 상호성 이론은 오히려 이 결과가 강한 상호성을 지지한다고 말한다. 공공재 게임이 반복되면서 참가자들은 기부하지 않거나 적은 액수를 기부하는 무임승차자를 처벌하기 위해 본인도 기부 액수를 줄여 나간다는 것이다. 초기에는 기부를 많이 하는 협력적 행동을 취하지만 게임 횟수가 거듭되면서 무임승차자가 나타나는데, 이들을 처벌할 방법은 본인도 무임승차자가 되는 것이다. 자신의 자금을 사용해서 무임승차자를 처벌할 선택권을 주는 실험에서 대부분 자신의 희생을 감수하더라도 처벌에 동참한다. 이것은 처벌하려는 성향이 보편적인 것을 잘 보여 준다.

강한 상호성을 지지하는 공공재 게임 실험 결과를 좀 더 살펴보자. 학습 가설에서는 공공재 게임을 10회 반복하면 기부 액수가 줄어드는 결과를 제시하며 강한 상호성을 비판하였다. 하지만 이 실험 직후 다시 10회를 반복한다면 기부 액수는 계속 더 줄어드는가? 실제 실험에서는 다시 10회 반복게임을 시행하는 경우 기부 액수가 다시 상승하는 결과가 나타난다. 이것은 학습 가설이 설명하기 어려운 결과이다. 이미 학습이 충분히 되었는데 왜 기부 액수가 처음처럼 높게 나타나는가?

처벌이 가능한 공공재 게임 실험을 다시 생각해 보자. 이때 10회 게임을 반복하는 경우 처벌의 정도가 계속 유지된다.[5] 특히, 마지막

5 Andreoni(1988).

10회에서도 처벌은 줄어들지 않는다. 만약 처벌의 목적이 무임승차자를 억제해서 궁극적으로 자신의 장기적인 이득을 높이고자 하는 것이라면 마지막 회에서는 처벌할 이유가 없다. 더 이상 게임을 하지 않기에 무임승차자를 처벌해도 자신에게 이득은 없다. 이것은 사회 규범을 어기는 사람을 처벌하는 것이 그 자체로 목적이 된다는 것을 의미한다. 자신의 장기적 이득을 높이기 위한 수단이 아니다.

이와 관련하여 더 명확한 실험[6]도 있다. 처벌을 할 수 있지만 처벌을 받는 대상자에게 처벌 사실을 게임 중에는 알려주지 않는다. 게임이 완전히 완료된 이후 누가 어느 정도의 처벌을 받았는지 공개한다. 무임승차자를 제재할 목적으로 처벌하는 것이라면 이러한 실험에서는 처벌의 이유가 없다. 무임승차자는 자신이 처벌받았다는 사실을 모르므로 자신의 무임승차 전략을 수정할 이유가 없다. 처벌을 통해 무임승차자의 전략을 교정하여 자신의 이득을 높이는 것이 불가능한 경우 사람들은 여전히 처벌 전략을 취할 것인가? 실제 실험 결과는 처벌이 여전히 이루어진다고 나타난다. 따라서 사람들은 자신의 이익을 위해 처벌하는 것이 아니라는 점이 드러난다. 처벌 자체를 원하는 것이다. 즉, 강한 상호성은 사람들의 마음속에 내장된 선호이지 자신의 이득을 계산한 결과가 아니다.

6 Fudenberg and Pathak(2010).

chapter 07

진화적 기원을 찾아서

진화와 선별

개인에게 이득이 되는 이타적 행동?

개인 선별

친족 선별 가설

집단 선별

유전자–문화 공진화

문화 전수

진화심리학의 비판

부적응 가설

강한 상호성 이론의 반박

사회적 처벌의 진화

신고전파 경제학의 합리적 개인 모델은 의사 결정의 주체가 자신의 이익을 위해 최적화를 한다고 간주한다. 하지만 이러한 견해는 현실 사회에서 벌어지는 사람들의 이타적이고 협조적인 행위를 설명하지 못한다는 단점이 있다. 사회적 선호 모델은 강한 상호성과 같은 선호를 사람들이 지니고 있기에 자신뿐 아니라 타인을 고려한 행동을 한다고 설명한다. 사회적 선호 이론은 많은 실험 결과를 통해 확인되었다.

사람들의 이타적이고 협조적인 행동은 사회적 선호에서 기인한다. 그렇다면 그 사회적 선호는 어디에서 기인하는가? 사회적 선호 이론가들은 사회적 선호의 기원을 인류의 진화 과정에서 주로 찾는다. 즉, 강한 상호성 선호를 지닌 인간이 진화 과정에서 살아남은 과정을 설명하고, 이를 통해 현재 사람들이 이타적이고 협조적인 행위를 하는 이유를 설명한다. 사회적 선호 이론이 탐구한 이타적 행동의 진화적 기원에 대해 살펴보자.

진화와 선별

진화 이론에 따르면, 개인의 행동 특징은 생존을 위해 환경에 적응한 결과이다. 현존하는 종과 개별 생물은 이러한 환경에 적응한 결과물이다. 진화가 이루어지기 위해서는 유전이 가능한 다양한 특징이 존재해야 한다. 환경에 더 적합한 특징을 지닌 개별 생물체들은 살아남아 다음 세대에 그 특징을 물려준다.

자연 선별(natural selection)은 진화 과정을 설명하는 대표적 용어이다. 환경에 적합한 것이 살아남게 되는데, 이를 자연환경이 선별한다고 표현하는 것이다. 예를 들어, 자연 선별로 인해 단 것을 선호하는 인간이 살아남았다는 설명이 있다. 선사 시대 인류에게 익은 과일에 존재하는 당분은 쉽게 소화되고, 이러한 당분을 선호하는 인간이 생존에 유리하며 후손을 남기게 된다. 숙성된 과일의 당분을 좋아하는 인간은 세대를 거치면서 살아남고 늘어나게 된 것이다.

개인에게 이득이 되는 이타적 행동?

미래의 장기적 이득을 고려하여 협조적 행동을 한다고 설명하는 이기적 선호 가설은 앞에서 설명한 바 있다. 이와 유사한 설명으로 상호적 이타성(reciprocal altruism) 가설이 있다. 이에 따르면, 개인이 의사 결정을 할 때 미래에 상대방의 협력적 행동을 기대하고 현재 이타적 행동을 한다. 죄수의 딜레마 반복 게임을 생각해 보면, 이번 회에서 자신의 이득만을 고려해서 배신하면 이후에 상대방의 협조를 기대하기는 어렵다. 따라서 미래에 상대로부터 협력을 끌어내기 위해 나도 협력을 선택한다. 상대방도 마찬가지의 생각으로 협력한다면, 게임의 두 참여자는 계속 협력하는 결과를 얻게 된다.

또 다른 가설로 간접적 상호성(indirect reciprocity) 이론이 있다. 이에 따르면 집단에는 평판 효과가 존재한다. 한 개인이 협조적 행위를 하는 것은 집단 내에서 자신이 협조적 행위를 하는 사람이라는 평판을 얻기 위함이다. 이러한 평판을 얻으면 타인으로부터 신뢰를 받고 자신에게 협조적으로 대할 것이라 기대할 수 있다. 자신이 상호작용하는 상대방으로부터 직접적으로 협력을 기대하지는 않지만, 좋은 평판을 통해서 추후 제3자로부터 협력적 관계를 기대할 수 있다. 즉, 간접적으로 타인의 협력을 기대하는 것이다.

장기적 이득을 고려한 이기심 가설, 상호적 이타성 가설, 간접적 상호성 가설 등은 모두 행위와 판단의 주체인 개인이 타인과 협력을 통해 궁극적으로 이익을 얻는다고 설명한다. 이타적 행위는 결국 행위의 주체를 이롭게 하므로 진화 과정에서도 우월한 위치에 있게 된다. 우월한 위치에서 환경에 잘 적응한 개인은 진화 과정에서 살아남는다. 즉, 진화 과정에서 환경에 적합한 개인이 선별된다.

개인 선별

개인인가 집단인가. 선별 단위에 대한 이 대립 구도는 진화론에서 오랜 논쟁의 대상이다. 개인 선별(individual selection)은 진화 과정에서 환경에 적합한 개인(또는 개체)이 선별된다는 것이다. 달리 표현하자면 선별 메커니즘이 개인 차원에서 작동하여, 적합성이 높은 개인이 선별된다. 이러한 개인 선별 개념은 진화 이론에서 익숙한 개념이다. 또한 방법론 논쟁에서 방법론적 개인주의와 직접적으로 연결된다.

개인 선별은 난점이 있다. 개인 선별로는 이타적 행동을 설명하기 힘들다. 이타적 행동은 본인보다 타인의 이익을 위한 것이다. 따라서 타인이 선별될 가능성이 커진다. 이타적 개인은 자신이 선별될 가능성을 낮춘다. 자신이 희생해서 타인의 적합도를 높이는 행동은 진화 과정에서 자신에게 이로운 것이 없다. 그런데도 이타적 행위는 관찰된다. 어떻게 이타적 개인은 진화 과정에서 살아남았을까? 앞에서 언급하였듯이, 장기적 이기심, 상호적 이타성, 간접적 상호성 등은 모두 이타적 행동이 개인의 이익을 높이는 전략으로 개인의 적합도를 높여서 자연 선별되어 생존한다는 논리이다. 모두 개인 선별에 근거해서 이타적 행동을 설명하고 있다.

친족 선별 가설

이타적 행위는 인간 사회뿐 아니라 동물 사회에서도 자주 발견된다. 따라서 진화생물학에서도 이타적 행위를 설명하기 위한 시도가 존재해 왔다. 대표적인 것이 친족 선별(kin selection) 가설이다. 친족 선별 가설은 1960년대 초 영국 진화생물학자 해밀튼(W. D. Hamilton, 1936~2000)이 처음 제시하였다. 이에 따르면, 개별 생물은 유전적으로 가까운 친족에 대해 이타적으로 행동한다. 부모가 자식에 대해 이타적 행동을 하는 이유가 여기에 있다. 부모는 자녀와 절반의 유전자를 공유하기 때문이다. 이타적 행동의 정도는 유전적 근친도에 비례한다. 나와 유전적으로 가까운 개인에게 협력한다. 이 경우 궁극적으로 선별되는 단위는 유전자이다. 특정 유전자가 진화 과정에서 살아남는 셈이다.

이 가설에서는 포괄적 적합성(inclusive fitness) 개념이 사용된다. 개별 생물체가 환경에 얼마나 적합한지를 적합성이라는 용어로 표현하는데, 유전적 근친도를 가중치로 사용해서 다시 계산하였기에 포괄적 적합성이라는 용어를 사용한다. 가족 또는 친족으로 이루어진 집단에서 집단을 위해 이타적으로 헌신하는 것은 자신과 유전자를 공유하고 있는 집단 구성원들의 생존 가능성을 높이는 행위이다. 친족 가설의 난점은 친족이 아닌 대상을 향한 이타적 행동을 설명하지 못한다는 것이다.

이처럼 개인 선별에 기반해서 이타적 행동을 설명하는 가설들은 외관상 이타적으로 보이는 행동들이 사실은 이기적 개인의 행동으로 환원될 수 있다고 주장하지만, 모든 이타적 또는 협조적 행위를 설명하지는 못한다. 선별 이론에서 개인 선별에 대립하는 개념은 집단 선별(group selection)이다. 집단 선별에서는 집단이 선별의 단위로 간주된다. 집단 선별 이론의 장점은 현실에서의 이타적, 협조적 행위를 잘 설명할 수 있다는 점이다.

집단 선별

집단 선별은 자연 선별이 개인이나 유전자 수준이 아닌 집단 수준에서 작용하는 진화 메커니즘으로 제안되었다. 집단 선별 가설에 따르면, 집단들이 서로 경쟁하면서 선별 과정에서 환경에 적합한 성과를 내는 집단이 생존한다. 따라서 집단을 이롭게 하는 행위 습성, 즉 이타적 혹은 협조적 행위 특징이 진화 과정에서 선별된다. 협조적 개인의 비중이 큰 집단이 그렇지 않은 집단보다 환경 적응에 더 유리하다면 협조적 집단이 선별되어 진화 과정에서 살아남게 된다. 즉, 집단 내 협조적 개인의 비중과 그 집단의 성장이 비례하게 되는 것이다. 이런 과정을 통해 자연스럽게 협조적 개인도 살아남게 된다. 협조적 유형의 개인은 집단 내에서 개인의 적합도가 낮을 수밖에 없지만 본인이 속한 집단이 성장함에 따라 전체 사회에서 협조적 유형의 개인이 증가할 수 있다.

집단 선별 가설은 현실에서 나타나는 협조적 행위를 잘 설명할 수 있다. 그렇지만 풀리지 않은 문제가 남아 있다. 진화 과정에서 집단 간 경쟁이 일어나는 경우 협조적 개인의 비중이 높은 집단이 생존에 유리하지만, 집단 내에서는 여전히 이타적 개인은 이기적 개인에 비해 불리하다. 이기적 개인은 이타적 개인의 노력에 의한 성과물에 무임승차할 수 있다. 집단 내에서 무임승차자가 늘어난다면, 결과적으로 생존에 성공한 집단도 이기적 개인으로 가득 찰 것이다.

집단 선별이 작동하더라도 결국 개인 선별로 인해 집단 선별의 결과는 지속되지 않는다.

현실에서 나타나는 이타적이고 협조적인 행위를 집단 선별 가설로 설명하고자 한다면 추가적 조건이 필요하다. 집단 선별의 속도가 개인 선별의 속도보다 빠르다는 조건이다. 이 조건을 만족해서 집단 선별이 개체 선별을 압도해야만 한다. 하지만 문제는 이 조건을 만족하기가 꽤 까다롭다는 것이다. 직관적으로 보면 집단 간 경쟁이 이루어지는 속도보다 개인 간 경쟁의 속도가 더 빠를 것이다. 다른 집단과의 경쟁은 시간이 오래 걸리지만 개인 간 경쟁은 빠른 속도로 진행된다.

강한 상호성 이론에 따르면, 사람들의 협조적 행위는 자신의 이득을 고려한 행위가 아니다. 따라서 강한 상호성 이론은 개인 선별에 기초하여 협조적 행위를 설명하는 가설들에 대해 반대한다. 따라서 집단 선별에 기반하여 협조적 행위의 진화적 기원을 탐구한다. 하지만 집단 선별은 개인 선별을 압도해야 한다는 까다로운 조건이 필요하다. 이러한 난제를 해결할 방책으로 유전자-문화 공진화(gene-culture coevolution) 이론이 등장하였다.

유전자-문화 공진화

진화생물학에서 일반적으로 유전자가 세대 간에 유전된다고 생각한다. 그런데 유전자–문화 공진화 이론은 유전자와 문화적 특질, 이 두 요소가 유전되며 진화 과정에서 상호작용한다고 주장한다. 이 이론에 따르면, 유전자는 문화를 형성하고, 문화는 유전자 풀에 영향을 미친다. 부모가 자식에게 유전자를 물려주며, 동시에 주변 사회적 환경이 유전자에 영향을 미친다. 개인이 속한 문화를 통해 학습하고 체득한 특징이 유전자의 선별에 영향을 미친다. 즉, 개인의 유전자와 집단의 문화는 함께 진화한다.

유전자–문화 공진화의 대표적인 예로 유당(lactose) 내성의 진화가 언급된다. 우유에 함유된 유당은 소장에서 락타아제(lactase)에 의해 분해된다. 신생아 시절 보유하고 있던 락타아제는 젖을 떼고 나면 줄어들고, 이에 따라 우유를 소화하지 못하는 경우가 많다. 이를 유당 불내증이라고 한다. 대략 남미와 아시아에서는 많은 사람에게 흔하게 나타나지만, 유럽의 경우는 유당 내성인 사람이 많다. 유당 내성인 사람이 많은 지역은 주로 오랫동안 목축업과 낙농업이 발달해서 유제품을 주로 소비하는 곳이다. 유전학 증거에 따르면, 낙농업이 시작된 이후 락타아제를 생성하는 돌연변이가 증가하였다. 목축업과 낙농업 문화가 우유를 잘 마시는 사람의 생존을 유리하게 만들어서 유전자 생태계에 영향을 미친 것이다.

유전자–문화 공진화 가설에 따르면, 유전자의 진화가 개인 수준에서만 진행되는 것이 아니고 집단 문화 수준에서도 진행된다. 이러한 설명에서 집단 선별의 가능성을 확인할 수 있다. 사실 집단 선별이 개인 선별을 압도할 가능성은 여러 가지 조건을 만족하느냐에 달려 있다. 우선 집단 선별이 잘 작동하기 위해서는 집단 내 구성원들은 대부분 이타적 특질을 유지해야 한다. 즉, 유유상종(類類相從), 집단 내 구성원들의 동질성이 중요하다. 반면 집단 간 구성원들의 이동은 어려워야 한다. 집단 간 구성원들의 이동이 쉽다면 실패한 집단의 이기적 유형의 사람들이 성공적인 집단으로 옮겨갈 수 있고, 결국 적합도가 높은 이기적 특질이 진화 과정에서 살아남게 될 것이다.

문화 전수

집단 선별 성공의 조건은 어떤 경우에 만족할 수 있는가? 강한 상호성 이론에서 주목하는 것은 유전자-문화 공진화 이론과 함께 문화가 유전되는 메커니즘, 즉 문화 전수 메커니즘이다. 이와 관련하여 몇 가지 유형의 문화 전수 메커니즘을 살펴보자.

먼저 순응적(comformist) 문화 전수 메커니즘이 있다. 개인은 집단의 다른 구성원들의 행동 패턴을 모방하는 성향이 있다. 특히, 주변 환경에 대한 정보가 불확실할 때 이런 성향이 강하게 나타난다. 이 메커니즘을 통해 집단 내 구성원들의 동질성은 더 강해지고 지속된다. 이와 비슷한 것이 명망 편향적(prestige-baised) 메커니즘과 자기 유사성(self-similarity) 메커니즘이다. 이는 명망 있는 사람, 즉 성공한 사람을 모방하거나, 자신과 유사하다고 인식되는 사람을 모방하는 성향이다. 사람들은 성공한 사람의 성공 원인을 알아내기는 어렵기 때문에 그 사람의 문화적 특성을 전반적으로 모방하려는 심리가 있다. 또한 자신과 유사한 사람을 모방하는 것은 환경에 쉽게 적응할 수 있게 만들어 주기 때문에 많은 사람이 택하는 전략이다.

문화 전수 메커니즘으로 제시되는 것으로 처벌 메커니즘이 있다. 집단의 구성원들이 대부분 따르는 규범을 유지하기 위해, 그 규범을 어기는 사람들을 처벌하는 것이다. 자신의 이득만을 생각해서 사회적 규범을 지키지 않는 사람이 있다면, 그 사람은 개인적으로 성공과 생존 가능성이 더 높을 수 있다. 그러나 사회 규범에 순응적 성향을 지닌 사람들은 이렇게 사회적 규범을 위반하는 사람들을 제재하고자 할 것이다. 이 경우 사회적 규범 위반자는 규범을 위반해서 얻는 개인적 이득보다 사회적 처벌의 비용이 클 수 있기에 규범에 순응할 것이다. 즉, 집단에 만연한 문화적 순응성이 처벌 메커니즘을 작동시켜서 사회적 규범을 유지한다. 자기 비용을 들여서라도 이기적 개인을 처벌하는 상황은 여러 실험에서 확인되었다.

이러한 문화 전수 메커니즘들은 집단 내 동질성을 강화하고 집단 간 차이를 유지하도록 한다. 또한 문화 전수는 유전자에 의한 유전보다 속도가 빠르다. 단일 세대 내에서도 문화적 관행은 빠르게 전파되고, 세대 간 전수도 쉽게 이루어진다. 이러한 문화 전수 메커니즘은 인간 집단에서 강한 상호성과 같은 사회적 선호의 생존 가능성을 높인다. 사회적 규범 위반자에 대한 처벌이 보편적인 사회에서는 사람들이 처벌을 피하려고 이타적이고 협력적 행동을 선택한다. 그리고 이타적이고 협력적 사람들의 생존 가능성이 높다는 것은 이러한 유형의 유전자가 결국 선별된다는 것이다. 문화 전수 메커니즘은 유전자-문화 공진화를 촉진하고, 집단 선별을 가능하게 하여 사회적 선호를 생존할 수 있게 한다.

진화심리학의 비판

강한 상호성 이론은 문화적 집단 선별과 유전자-문화 공진화를 통해 이타적이고 협조적인 성향이 진화 과정에서 생존하였다고 주장한다. 이러한 주장에 대해 진화심리학 진영의 비판이 제기되었다. 진화심리학 학자들은 강한 상호성 이론과 달리 개체 선별을 지지한다. 유명한 학자로는 미국 심리학자 버스(D. Buss, 1953~)와 코스미데스(L. Cosmides, 1957~), 미국 인류학자 투비(J. Tooby, 1952~2023) 등을 거론할 수 있다.

진화심리학은 인간의 심리 특성이 생물학적 진화의 산물이라고 주장하면서 심리를 진화 이론에 근거하여 설명한다. 거의 모든 인간의 뇌는 진화를 통해 형성된 심리 메커니즘을 갖고 있다고 본다. 또한 이러한 심리 메커니즘을 컴퓨터에 비유하자면 특정 문제를 처리하기 위한 기능적 단위, 즉 소프트웨어 모듈로 설명한다. 대표적인 예가 타인의 얼굴을 인식하거나 언어를 학습하는 인지 모듈이 있다. 각 모듈은 자연 선별 과정을 통해 특정 상황이나 맥락에서 훌륭하게 기능을 수행할 수 있도록 특화되었고, 이러한 모듈 덕분에 인간은 환경에 잘 적응하여 살아남은 것이다.

진화심리학의 중요한 주장 중 하나는 부적응 가설이다. 인류가 살아온 시간을 따져 보면 압도적으로 긴 시간을 고대 환경 속에 있었다. 따라서 인간의 뇌에 장착된 모듈은 선사 시대 환경에 잘 적응하게 되어 있다. 이러한 원시적 모듈을 갖고 있는 인간은 현대 사회 환경에 적합하지 않다는 것이다. 시간이 지나면 이러한 특질은 사라지게 된다.

부적응 가설

진화심리학에 따르면, 과거 인류는 소규모 집단생활을 오랫동안 영위해 왔다. 현대의 대규모 집단생활에는 아직 적응하지 못한 상태이다. 대표적인 것이 이타적 행동이다. 인간이 자신의 이득보다 타인과의 관계를 고려하고 협력적으로 행동하는 것은 과거의 잔재이며, 현대 환경에 적응하지 못한 결과이다. 동물 사회에서도 부적응은 발견된다. 뻐꾸기는 다른 새 둥지에 알을 낳아 대신 기르게 한다. 둥지의 주인은 자신의 알이 아니라는 것을 알아채지 못하고 계속 그 알을 품는다. 이는 그 어미 새가 달라진 환경을 아직 인지하지 못하고 예전과 같은 행동을 보이는 부적응 상황을 잘 보여 준다.

부적응 가설에 따르면, 인간은 오랜 기간 친족들로 구성된 소규모 집단으로 생활해 왔고, 낯선 타인과의 일회적인 상호작용을 경험할 기회는 많지 않았다. 소규모 집단에서 구성원 간 협력은 필수적이었고, 이러한 상황이 오래 지속되면서 협력에 적합한 심리 메커니즘이 인류 사회에서 자리 잡은 것이었다. 따라서 사회적 선호는 부적응의 결과일 뿐이다.

진화심리학의 주장에 따르면, 실험 결과에서 나타난 강한 상호성 결과는 부적응 가설을 확인하는 증거일 뿐이다. 누군지도 모르는 상대방과 일회적 상호작용을 할 때, 자신의 이득만을 고려하는 것이 최적의 판단인데도 불구하고 실험 참가자들이 이러한 상황에 적응하지 못하고 이타적 행동을 보여 주었다는 것이다. 실험 참가자에게 실험 상황에 대한 정보만 주는 것은 심리 메커니즘을 변화시키기에는 충분하지 않다. 새로운 실험 상황에 적응하지 못하고 여전히 과거 사회에 적응한 심리 모듈이 작동하고 있다.

앞에서 개인 선별에 기반하여 이타성을 설명하는 가설들을 살펴보았는데, 부적응 가설은 이러한 가설들과 직접적으로 연관된다. 예를 들어, 친족 선별 가설에 따르면, 선사 시대 이타적 행동은 친족으로 구성된 소규모 집단에서 유전자를 공유하는 구성원들의 생존을 위한 것이었다. 평판 효과와 간접적 상호성도 마찬가지이다. 소규모 집단에서 상호작용하는 개인들은 서로에 대해 익숙하고 잘 알고 있기에 집단 내 평판은 생존에서 중요한 요소이다. 좋은 평판을 얻기 위해 협조할 수밖에 없다. 또한 소규모 집단 내에서는 이타적 상호작용이 꼭 특정 상대방과의 관계에 한정되지 않기에 간접적 상호성이 쉽게 가능해진다. 따라서 궁극적으로 이타적 행동이 자신의 이득을 위한 것이라는 가설들은 이타성을 과거 습성의 잔재에서 기인한 부적응 행태로 보는 진화심리학 주장과 유사하다.

강한 상호성 이론의 반박

강한 상호성 이론 진영은 이러한 부적응 가설을 포함해서 개인 선별에 기반한 주장들에 대해 몇 가지 논거를 들어 반박한다. 우선 현대 사회에서 나타나는 이타적 행동은 부적응이 아니라는 견해이다. 익명성이 주요 특징인 현대 대도시에서는 평판 효과나 간접적 상호성이 작동하기 힘들다. 또한 협조적 행동이 친족에게 국한하지 않기에 친족 선별 가설도 설득력이 없다. 현대 사회에서 광범위하게 발견되는 이타적 행동을 단순히 부적응 현상으로 설명하기에도 무리가 있다.

근본적인 문제는 부적응 가설이 선사 시대 인류의 생활상을 제대로 파악하지 않고 있다는 것이다. 과거 소규모 집단에서 친족을 중심으로 상호작용하였다는 것은 역사적 사실에 부합하지 않는다. 원시 사회에서도 인류는 장거리 이동을 자주 하였고, 다른 지역 사람들과 교류가 꽤 활발하게 이루어졌다. 낯선 사람들과의 단기적 접촉도 드문 일은 아니었다. 또한 인류의 수명이 길어진 것도 최근의 일이다. 인구통계학 분석에 따르면, 구석기 시대 인류의 수명은 32년을 넘지 못한다. 오랜 기간 일정한 사람들 간의 밀접한 상호작용은 오히려 원시 시대 보편적인 모습이 아니다. 또한 집단 간 상호작용과 충돌이 많이 일어났고, 열악한 환경 때문에 집단의 수명도 길지 않았다.

고고인류학 증거에 따르면, 원시 시대에 홍수, 화산, 가뭄과 같은 자연재해 또는 기후 변화 문제로 집단 자체가 종종 상당한 거리를 이동하여 다른 지역으로 옮겨 가야 하는 경우도 꽤 있었다. 이 과정에서 다른 집단의 구성원을 마주치는 경우도 많았고, 집단 간 접촉은 우호적인 상황도, 적대적 상황도 있었을 것인데, 대부분 단기적 접촉에 그치는 상황이다. 집단 간 전쟁도 자주 발생하고, 이에 따라 집단의 생존이 위협받는 상황도 자주 직면한다. 집단 내 구성원 간 협력이 잘 이루어지는 집단은 이러한 위기에서 생존할 것이다.

원시 시대에 집단 간 교류가 많았다는 것은 유전학 증거에서도 확인된다. 호주 원주민의 경우 지역별로 고유한 유전적 특징이 나타나지 않는다. 유전적 차이와 지역은 별 관련이 없다는 것인데, 원시 시대의 집단은 먼 거리를 이동하고 무역을 목적으로 서로 교류하였기에 유전적 특질들이 서로 섞여 있음을 보여 주는 증거로 볼 수 있다.[1]

따라서 원시 시대 소규모 집단에서 기인한 이타성이 현대 사회의 변화에 적응하지 못하고 남은 것이라는 부적응 가설은 원시 시대 사회를 제대로 파악하지 못한 치명적 단점이 있다. 또한 진화 과정과 자연 선별에 근거한 부적응 가설은 인류뿐 아니라 다른 종에게도 적용되어야 한다. 하지만 다른 동물, 특히 다른 영장류에게서 부적응 가설에 일치하는 증거는 관찰되지 않았다. 침팬지의 경우 친족 간의 협력적 행위는 쉽게 발견된다. 하지만 동물원과 같은 변화된 환경에서도 여전히 협력적 행위는 친족 간에서만 관찰되고 부적응은 나타나지 않는다. 친족과 비친족을 구분하는 심리 모듈이 진화 과정에서 잘 발달하였다고 추정할 수 있다. 부적응 가설에 따르면, 유독 인간들만 변화된 상황에 적응하지 못한 것이다. 이 가설이 설득력이 떨어지는 이유이다.

강한 상호성 가설은 현대 사회에서 발견되는 인류의 협조적 행동들이 진화 과정에서 선별된 결과이고 부적응의 결과가 아니라고 주장한다. 대규모 집단에서의 이타적 행위는 인간 사회에서 특히 발견되는데, 유전자-문화 공진화와 문화 전수 등의 집단 선별 메커니즘을 통해 나타난 것이라고 설명한다. 생물학적 유전만으로는 집단 선별이 쉽지 않지만, 문화적 집단 선별을 통해서 인간의 강한 상호성 성향이 생존한 것이다.

1 Keats(1977).

사회적 처벌의 진화

부적응 가설과 강한 상호성 가설 모두 동의하는 내용이 있다. 처벌은 협력적 행위를 촉진하는 중요한 요소이다. 사회적 선호 이론과 마찬가지로, 진화심리학에 따르면 무임승차자를 처벌하려는 것은 이들의 적합도가 높아지는 것을 막기 위한 진화 과정의 산물이다. 사회적 규범 위반자를 처벌하려는 성향이 인간의 심리 모듈에 장착된 것이다. 소규모 집단에서 처벌 성향은 구성원들의 집단을 위한 행동을 촉진하고 결국 집단의 생존 가능성을 높인다. 따라서 처벌 성향은 진화 과정에서 선별되었다고 주장한다. 다만 이는 처벌이 장기적으로 자신의 이득을 높이기 때문에 생존한다는 주장으로 연결된다.

강한 상호성 가설에서는 이렇게 처벌과 이기심을 연결하는 주장을 반박한다. 최후통첩 게임 실험 결과를 근거로 강한 상호성 주장을 살펴보자. 최후통첩 게임의 규칙을 약간 변경하여, 이제 제안자는 8:2 또는 2:8, 둘 중의 하나만 제안을 할 수 있다고 하자. 이 경우 응답자는 8:2 제안도 수락하는 경우가 꽤 많아진다. 공정하지 못한 제안이지만 수용한다. 왜 그럴까? 이전 규칙에서는 8:2 제안은 누가 보더라도 제안자의 이기심이 눈에 띈다. 따라서 대부분 이 제안은 거절되었다. 하지만 변경된 규칙에서는 8:2 제안을 포기하면 남는 선택지는 2:8, 즉 지나치게 관대한 제안뿐이다. 이러한 상황에서 8:2 제안이 이기적인 제안이라고 보기는 어려울 것이다. 단순히 사람들이 자신의 이득을 고려한다면 응답자는 규칙과 무관하게 8:2 제안은 일관적으로 거부할 것이다. 그러나 변경된 규칙하에서 8:2 제안을 수용하는 것은 응답자가 자신의 이득보다 제안자의 의도와 성향을 고려한 결과이다. 변경된 상황에서 8:2 제안은 사회적 규범을 위반한 것은 아니다. 사회적 규범 위반자를 처벌하려는 것이 강한 상호성이라면 이러한 실험은 강한 상호성 결과를 잘 보여 주고 있다.

강한 상호성은 집단 선별에 기반하여 처벌 메커니즘을 설명한다. 예를 들어, 집단 내에서 처벌에 참여하는 사람들이 많을수록 개인이 처벌에 부담하는 비용은 줄어들기에 처벌은 더 효율적인 생존 전략이 된다. 즉, 개인 선별을 고려하면 처벌자는 불리한 위치에 있지만 집단 내 처벌자 비중이 높아짐에 따라 개인 선별 수준에서도 감당해야 하는 불이익은 그다지 크지 않을 수 있다. 앞서 보았듯이 전쟁이나 재해 등 집단 자체가 위기에 처하면 집단의 생존을 위해 처벌에 참여하거나 이타적 행위를 하는 비율은 높아질 수 있고, 집단 선별은 잘 작동한다.

chapter 08

중요한 것은 절차와 과정

사이먼의 절차적 합리성

볼스와 긴티스의 과정 관련 선호

타일러의 과정 효용

프라이의 절차 효용

노동의 효용

베블런의 장인정신

밀의 효용 이론

스미스의 『도덕감정론』

벤담의 공리주의와 센의 비판

앞에서 사회적 선호의 한 종류로 공정성 선호를 언급하였다. 사람들은 공정한 절차가 지켜지기를 원한다. 사람들은 의사 결정을 할 때 그 결과로 나타나는 자신의 이득이나 손실뿐 아니라 과정에서 공정한 절차가 지켜졌는지를 판단의 중요한 근거로 삼는다.

판단할 때나 의사 결정을 할 때, 결과와 과정, 결과와 절차, 무엇이 중요한가? 물론 두 가지 모두 중요할 것이다. 하지만 신고전파 경제학의 호모 이코노미쿠스 개념에서는 과정과 절차에 대해 고려하지 않는다. 가치 판단은 결과를 위주로 한다. 그러나 이렇게 과정을 무시한 결과 중심주의에 대해 철학과 경제학을 포함한 여러 분야의 학자들이 비판해 왔다.

사이먼의 절차적 합리성

행동경제학의 선구자로 평가받고 있는 인지심리학자 사이먼(H. Simon)은 합리성을 실체적 합리성(substantive rationality)과 절차적 합리성(procedural rationality)이라는 두 가지 개념으로 구분하여 제시한다. 실체적 합리성은 주어진 환경에서 목표를 달성하기 위한 최적의 행동을 취하는 합리성을 의미한다. 호모 이코노미쿠스의 합리성이 바로 실체적 합리성이다. 반면, 절차적 합리성은 주로 심리학에서 염두에 두는 합리성인데, 추론이라고 표현되는 사고 과정을 의미한다. 간단히 말해 머릿속으로 생각하고 분석하는 것 자체를 말한다. 심리학에서 비합리성은 인지적 과정 없이 자극에 정서적으로 반응하는 것을 말한다.

심리학은 해결해야 할 문제가 있을 때 어떻게 해결책을 찾아내는지 그 인지 과정을 탐구하는 것에 관심이 많다. 해결책보다 해결책을 발견하는 과정이 주된 관심사이다. 생각하는 존재인 인간이 정보를 처리하는 시스템이라고 한다면, 합리적 선택을 위한 절차는 무엇인가? 컴퓨터처럼 최적의 해법을 계산하는 것인가? 호모 이코노미쿠스는 이론적으로는 모든 정보를 확보한 뒤 수학 기법을 이용해서 완전한 최적의 해결책을 계산한다. 하지만 사이먼은 인간의 인지 능력으로는 어렵다고 생각하였다.

사이먼이 설명하는 절차적 합리성은 최적의 결과를 가져오는 합리성이 아니다. 인간의 제한적인 인지 능력과 정보 아래에서 적절한 해법을 탐색하는 합리성을 말한다. 체스 선수를 예로 들어 설명하자면, 체스 경기를 할 때 한 수를 두기 전에 미래의 경우의 수를 전부 생각하지 않고 현재 상황에서 공통으로 나타나는 경기 패턴을 고려한 뒤 경우의 수를 제한하여 한정된 경우만을 생각한다. 그리고 만족스러운 수준의 수를 결정해서 실행한다. 사이먼은 경제학자들이 절차적 합리성에 관심을 가져야 한다고 주장하였다.

볼스와 긴티스의 과정 관련 선호

강한 상호성 이론의 대표적 학자인 볼스(S. Bowles)와 긴티스(H. Gintis)는 신고전파 경제학의 결과를 중시하는 선호 개념을 비판하며 과정 관련 선호(process-regarding preferences) 개념을 제시한다. 결과뿐 아니라 과정도 중요하고 타인과의 관계가 어떻게 이루어지는지에 관심을 둔다. 특히, 공정성과 호혜성을 중요하게 생각한다. 사람들은 어떤 상태를 평가할 때 그 상태가 어떤 과정을 거쳐 왔는지가 중요하다는 것이다. 선호는 맥락과 과정에 영향을 받는다. 사실 강한 상호성 개념 자체가 자신의 이득이라는 결과와 무관한 성향이다.

과정 관련 선호는 최후통첩 게임 실험에서 잘 드러난다. 최후통첩 게임에서 제안자와 응답자는 실험 참가자 중 임의로 결정된다. 이러한 규칙을 약간 변경시킨다면? 먼저 퀴즈를 내서 잘 푼 사람이 제안자 역할을 한다고 해보자. 이 경우 제안자는 좀 더 자신의 이득을 높이는 제안을 하고, 이런 제안을 응답자도 수용하는 경향이 있다. 8:2 또는 7:3 제안도 상대적으로 쉽게 받아들인다. 퀴즈를 잘 풀어서 제안자 지위를 차지하였다는 맥락이 제안자에게 정당성을 부여하였고, 이 과정이 게임 참가자들의 선호에 영향을 미친다. 단순히 결과만 고려하였다면 과정과 무관하게 불공정한 제안을 거절해야 한다. 하지만 과정의 차이가 선호의 차이를 가져온다.

타일러의 과정 효용

과정 관련 선호와 유사한 개념으로 미국 심리학자 타일러(T. Tyler, 1950~)가 제시한 과정 효용(process utility)이 있다. 효용은 어떤 대상으로부터 얻는 만족을 말한다. 주로 경제학의 소비 이론에서 상품을 소비할 때 얻는 만족감을 표현하는 용어로 사용한다. 상품은 생산 과정의 결과물이므로, 일반적으로 효용은 결과물에 대한 만족을 의미한다. 하지만 사람들은 결과뿐 아니라 과정에서도 만족을 얻는다. 상품을 소비하는 소비자는 상품을 소비해서 얻는 만족도 있지만, 상품을 구매하는 과정에서 얻는 만족도 있다. 상품의 가격과 품질만 고려해서 소비한다면 결과만 고려한 효용을 의미한다. 하지만 사람들은 친절한 생산자에게 구매하는 것을 좋아한다. 즉, 상품을 구매하는 과정에서 효용을 얻는다.

투자 결정의 예를 생각해 보자. 사람들은 투자할 때 투자 전문가의 조언을 받는다. 높은 투자 이익으로부터 만족을 얻지만, 친절한 조언으로부터도 만족을 얻는다. 투자 전문가를 선택할 때 두 가지 선택지가 있다고 하자. 전문가 A는 평균 정도의 수익률을 가져오는 것으로 평가되며, 이 전문가와 상담한 사람들의 후기를 보니 고객의 생각을 충분히 들어주고 고려하는 유형이다. 전문가 B는 평균 이상의 수익률을 가져오는데, 단순히 정보 소통에 집중하는 유형이다. A와 B, 어느 전문가를 선택할 것인가? 실제 설문조사 결과를 보면 대부분 A를 선택한다.[1] 이 결과에 따르면 과정 효용은 실존한다.

프라이의 절차 효용

과정 효용과 거의 동일한 개념으로 절차 효용(procedural utility) 개념이 있다. 이는 스위스 경제학자 프라이(B. Frey, 1941~)가 동료 학자들과 함께 제시한 개념이다. 절차 효용은 결과뿐 아니라 절차에서 얻는 만족을 의미한다. 예를 들어, 절차에 자신이 참여하면 참여 그 자체가 결과와 무관하게 효용에 긍정적 영향을 미친다. 이를 정치에 적용하면 민주적 제도하에서 정치적 결정에 참여하는 권리는 중요하다. 단순히 정치적 의미뿐 아니라 경제적 효용의 측면에서도 중요하다. 따라서 정부가 정책을 통해 제공하는 재화와 서비스는 자신에게 주는 효용의 측면뿐 아니라 정책 결정 과정에 사람들이 참여하는지가 중요한 의미를 지닌다.

스위스의 독특한 정치 시스템을 이용해서 정치적 참여권이 주는 효용을 확인해 볼 수 있다. 스위스는 각 주(州)의 자치제도가 발달해 있다. 입법 과정에 대한 시민의 접근성은 주마다 매우 다르다. 참여권이 발달한 주에서는 주민의 정치 과정에 대한 효용이 높고, 이에 따라 삶의 만족도가 높을 것으로 예상할 수 있다. 또한 주목할 만한

1 Tyler(2006).

것은 외국인은 참여권은 없지만 정책의 결과로 인한 혜택은 같다. 즉, 스위스 국적의 주민은 절차 효용과 결과 효용을 모두 얻지만, 외국인의 경우는 결과 효용만 얻을 것이다. 만약 절차 효용이 상당하다면 같은 주에 거주하는 스위스 국민과 외국인의 효용 차이는 클 것이다. 실제 조사 결과 참여권이 약한 주보다 강한 주에서 시민권자와 외국인의 만족도 차이가 크다.[2] 이는 정치 과정에 참여함으로써 얻는 절차적 효용의 차이라고 볼 수 있다.

당연한 말이지만 사람들은 높은 소득을 얻으면 행복하다. 즉, 높은 소득이라는 결과로부터 효용을 얻는다. 절차 효용 이론에서 주장하듯이 결과를 끌어내는 절차도 효용을 준다면 높은 소득이라는 결과와 관련하여 어떤 절차의 효용이 높을까? 자신이 자유롭게 결정할 수 있는 절차가 높은 만족을 준다. 이러한 가설을 확인하기 위해 자영업자와 임금 소득자의 행복 수준을 비교할 수 있다. 독립적이고 자유롭게 자신의 판단에 따라 의사 결정을 할 수 있는 자영업자가 위계질서하에 있는 회사원보다 삶의 만족도가 높을까? 그렇다. 프라이와 동료 연구자들의 실제 조사를 통해 확인되었다.[3] 세계 여러 나라의 데이터를 분석한 결과 자영업자의 직업 만족도가 소득, 나이, 근무 시간 등 여러 가지 조건이 비슷한 근로 소득자 경우보다 높다. 독일 통일 이후 구동독 지역에서 제약이 사라지면서 새롭게 자영업

2 Frey and Stutzer(2000).
3 Benz and Frey(2008a, 2008b).

자가 된 사람들의 높은 직업 만족도, 직장에서 노동자가 받는 급여 수준뿐만 아니라 급여 결정 방식에 의해서 도출되는 높은 만족도 등 다양한 분석에서도 유사한 결과가 확인된다.

노동의 효용

절차 효용 이론에 따르면, 자영업자가 근로소득자보다 높은 만족을 얻는다. 위계 구조하에서 남이 시키는 일을 하는 것보다 스스로 자유롭게 결정권을 가지고 일을 하면 즐겁다. 일하는 것이 즐거울 수도 있다는 것이다. 그런데 전통적으로 경제학에서 일하는 것은 괴로운 것이라는 특징을 가진다.

전통적으로 경제학에서 일 또는 노동은 괴로운 것이다. 일을 통해 자아를 실현하는 개념은 희박하다. 경제학 교과서에는 생산의 목적이 소비라고 적혀 있다. 고된 생산 과정을 거쳐서 나온 상품은 소비되기 위한 것이다. 이것은 암묵적으로 생산의 괴로움과 소비의 즐거움을 대조적으로 표현하고 있다. 효용 개념도 주로 소비를 통한 효용을 말한다.

경제학에서 노동의 괴로움과 여가의 즐거움을 대비시켜서 노동의 공급량 수준을 설명한다. 노동의 공급량, 즉 얼마나 노동할 것인가, 직장을 구할 것인가 말 것인가, 직장에서 일을 얼마나 많이 할 것인가, 얼마나 열심히 할 것인가를 노동자는 결정해야 한다. 여가는 즐거운 것이다. 당연히 많이 누릴수록 좋은 것이다. 노동은 괴로운 것이지만 노동을 통해 얻은 소득은 여가 소비에 사용될 수 있기에 효용의 원천이 된다. 노동의 괴로움과 소비의 즐거움, 이 둘 사이에 최적의 균형점을 찾아서 얼마나 노동할 것인가를 결정한다.

전통적인 경제학과 달리 절차 효용 이론에서는 일이 즐거움과 만족의 원천이 될 수도 있음을 지적한다. 예를 들어, 자율성이 보장되는 노동은 자아실현의 기회가 되고, 이에 따라 만족도를 높일 수 있다. 절차 효용은 노동으로부터 효용이 도출될 수 있다는 주장을 포함한다. 사실 현실에서 노동은 괴로운 것이라는 인식이 많다. 하지만 자기가 좋아하는 일을 하면서 기쁨과 즐거움, 보람을 얻는 경우도 많이 볼 수 있다. 어쩌면 자기가 싫어하는 일을 상사가 시켜서 억지로 하니까 노동이 힘들고 괴로운 것은 아닐까?

베블런의 장인정신

전통적 경제학에서 노동과 일을 괴롭고 고된 것으로 보는데, 언뜻 생각하면 이는 자연스러워 보인다. 일하기 싫은 것은 모든 직장인의 공통적인 생각 아닌가! 하지만 제도경제학의 입장에서 노동은 처음부터 고된 것이 아니고, 일을 싫어하는 것도 인간의 오래된 본성이 아니다. 제도경제학은 경제 현상에서 제도가 중요하다고 보며, 제도와 경제의 상호작용과 제도의 변화에 주목한다. 또한 인간의 행동을 본질적으로 사회적이고 문화적인 행동으로 이해한다.

제도경제학의 대표적 학자는 미국 경제학자 베블런(T. Veblen, 1857~1929)이다. 베블런은 일에 대해 사람들이 느끼는 혐오 정서는 문화사적 관점에서 이해해야 한다고 주장한다.[4] 노동에 대한 혐오 정서는 인류의 본능이 아니라고 주장한다. 베블런은 사회 제도의 진화 과정에서 인간 본성의 두 가지 주요 유형, 즉 장인정신(workmanship)과 스포츠정신(sportsmanship)이 생성되었다고 설명한다. 전자는 산업적인 성격과 연관되고, 후자는 호전적이고 약탈적인 성격과 관련이 있다.

문화사적 관점에서 초기 인류 사회는 전쟁보다 평화의 시기였고, 육체를 이용해 유익한 물건을 만들어 내는 제작 본능을 높게 평가하던 시기였다. 다른 동물에 비해 우월하지 않은 신체 능력을 생각하면, 약육강식과 경쟁의 시대가 아니고 협력하는 본능의 시대였다. 힘과 능력을 발휘해서 하는 생산적 활동이 숭배받는 것이다. 즉, 과거는 장인정신이 지배하는 사회이고, 노동 자체는 가치 있고 즐거운 것이었다.

시간이 흐름에 따라 도구와 기술이 발달하고 환경을 지배하면서 잉여생산물이 생기기 시작하였다. 생존에 필요한 정도를 넘어서서 남는 생산물이 생긴 것이다. 이에 따라 약탈과 파괴 현상도 격렬

4 Veblen(1898).

해졌다. 이때부터 장인정신은 쇠퇴하고 호전적인 스포츠정신이 장려되는 문화가 주류가 되었다. 약탈적 착취 능력이 우수한 사람이 대접받는 분위기가 되었다. 일이 고통스럽다는 인식은 이때부터 널리 퍼진 것이다. 약육강식의 문화가 발전함에 따라 직종 간에 구분도 생기게 된다. 평화롭고 산업적인 직업은 좋은 평가를 받지 못하게 되었다. 노동이 천하다는 관념이 발달하고 열등한 사람의 상징이 되었다. 오늘날 육체노동을 천시하는 문화는 이러한 역사의 흐름 속에 생겨났다.

제도경제학은 문화와 제도의 변화를 통해 현재 경제 체제의 기원을 탐구한다. 문화사의 여러 단계는 서로 다른 본능을 만들어 내고 변화시킨다. 노동을 보는 시각이라는 측면에서 절차 효용 이론과 제도경제학은 유사성을 보인다. 노동을 통한 효용이라는 절차 효용의 개념은 노동이 원래 제작 본능으로 높이 평가받았다는 제도경제학의 주장과 일맥상통한다. 또 다른 측면에서 절차 효용 이론은 19세기 영국 철학자이면서 고전파 경제학자인 밀의 효용 이론과 연결되는 부분이 있다.

밀의 효용 이론

절차와 과정을 중시하는 효용 개념은 제도가 개인의 효용에 미치는 영향을 주목하는데, 이러한 측면은 밀의 효용 이론[5]에서 찾아

볼 수 있다. 밀은 행동의 옳고 그름을 행복을 증진하는지 저해하는지로 구별하며, 행복은 쾌락, 불행은 고통의 존재로 정의한다. 밀은 이것을 효용의 원칙으로 삼고, 이를 논의할 때 가족, 직장, 국가와 같은 사회적, 정치적 제도를 강조한다. 효용을 설명할 때 제도를 중시하는 것은 개인의 효용이 이러한 제도에 의해 형성된다고 생각하기 때문이다. 그는 개인의 특질이 타고난 것이고, 자연적으로 결정된다는 견해를 명시적으로 반대한다.

또한 밀에 따르면, 개인의 효용은 금전적 결과 외의 다른 것으로부터도 영향받는다. 예를 들어, 밀은 타인과의 관계에서 느끼는 동료로서의 감정이 효용을 준다고 언급한다. 이것은 개인이 자신의 목표를 추구하는 행동을 할 때 동시에 자신의 목표와 동료의 목표 사이의 조화를 추구하기 때문이다. 또한 자신의 감정과 동료의 감정 사이의 조화도 추구한다. 즉, 동료애는 자연스럽고 당연한 심리이다. 밀은 자신만 고려하는 사람은 지루한 삶과 일시적 행복만이 있을 것이라고 언급하면서, 사회적 안정을 위하여 동료애가 필요하다고 주장한다. 밀에게 호모 이코노미쿠스는 자연스럽지도 않고 현실적이지도 않으면서 윤리적이지도 않다.

제도가 개인의 효용에 영향을 미친다면 정부 정책은 결과와 함께 과정에서도 중요하다. 절차 효용 이론의 주장과 비슷하게 밀은

5 Mill(1861).

참정권의 긍정적 효과를 주장한다. 개인이 정치 과정에 참여하면 이는 동료 시민과의 우호적 감정을 발달시키고 자기 계발을 촉진한다. 정치 참여와 산업 민주주의 제도는 이런 의미에서 중요하고, 특히 참정권은 개인에게 동료애를 장려하고 자신의 가치를 추구하는 수단으로 중요하다.

스미스의 『도덕감정론』

밀의 효용 이론의 특징은 그 이전 흔히 경제학의 선구자로 간주되는 스미스의 이론에서도 나타난다. 스미스는 그의 저작 『국부론』(*An Inquiry into the Nature and Causes of the Wealth of Nations*)과 '보이지 않는 손' 개념으로 유명하고, 개인의 이기심에 의해 시장이 효과적으로 작동한다는 주장의 근거로 여겨져 왔다. 신고전파 경제학의 호모 이코노미쿠스 개념은 스미스의 『국부론』을 시작점으로 여겨 왔다. 그러나 최근 경제학계에서 스미스에 대한 재해석은 많이 진척되었다. 『국부론』에서 이기심을 옹호하는 것처럼 보이는 것은 후대 경제학자들의 과도한 해석일 뿐이라고 설명하면서, 특히 스미스의 『국부론』 이전 저작인 『도덕감정론』(*The Theory of Moral Sentiments*)에 대한 관심이 증가하였다. 이러한 재해석에 따르면, 스미스 이론은 이기적 개인과 효율적 시장이라는 구도를 옹호하지 않았다. 『국부론』의 일부 내용을 과장한 것에 불과하다.

스미스는 『도덕감정론』에서 감정과 행동의 도덕적 평가는 타인 또는 공정한 관찰자라고 부르는 제3자의 시각을 통해 수행한다고 설명한다. 그의 도덕철학에서는 특히 동감 개념을 중시한다. 인간은 배고픔, 고통, 분노 등 자극에 반응하는 감정이 있고, 마찬가지로 동감이라는 수단을 통해 타인의 감정을 느낄 수 있다. 동감도 하나의 감정이지만, 동감은 이차적인 감정으로 다른 직접적 감정을 타인에게 전달하는 능력이다. 타인의 상황에 본인을 대입하여 그 타인의 감정을 느낀다.

스미스는 동감 개념에 있어서 개인의 내적 기준보다 사회적 맥락이 중요하다고 주장하면서 공정성에 대한 감정도 동감을 통해 발달하였다고 본다. 이러한 부분은 사회적 선호 이론과 절차 효용 이론 등을 떠올리게 한다. 스미스는 동감을 통해 사람들이 서로 연결된다고 주장한다. 고통을 당하는 사람에 대해 갖는 동감은 자비심을 갖게 하고 고통을 당하는 사람과 연대하도록 만든다. 초기 인류 사회의 소규모 집단은 단순한 구조로 이루어져 있다. 이러한 사회에서 한 집단의 구성원은 비슷한 환경 속에 처하고 많은 것을 공유한다. 따라서 서로 쉽게 감정 이입할 수 있다. 이런 상황에서 동감의 비중은 클 것이다. 오늘날까지 이어지는 인류의 동감 능력은 원시 시대로부터 진화적 기원을 찾을 수 있다.

벤담의 공리주의와 센의 비판

전통적인 결과 중심의 효용 개념은 영국 철학자 벤담(J. Bentham, 1748~1832)으로 거슬러 올라간다. 벤담의 공리주의 철학은 모든 인간의 행위가 쾌락을 달성하고 고통을 피하려는 동기로 이루어진다고 주장한다. 사람들은 자신의 효용을 극대화하기 위해 행동하는 것이고, 이 원리는 인간 복지에 관한 모든 연구에 적용된다. 따라서 정책의 목표는 사람들의 효용 수준을 높이는 것이다. 이것은 절차 효용 이론에서 경제 정책의 목표를 행복 수준으로 간주하는 것과 유사하다.

벤담 이래로 효용 분석의 두 가지 고전적인 문제, 효용의 측정 가능성과 개인 간 비교 문제는 효용 이론가들을 계속 괴롭혀 왔다. 효용이 사회 복지의 척도가 되려면 효용을 수량화할 수 있어야 한다. 벤담은 효용의 수량화를 위해 강도, 지속 시간, 확실성 정도, 근접성, 이렇게 네 가지 차원을 제시하였다. 하지만 직접적으로 계산하는 방안을 제시하지는 못하였다. 또한 사회 정책의 목표로서 효용을 생각하면 사람들의 효용을 합하여 전체 효용을 계산해야 한다. 하지만 개인 간 효용 비교는 쉬운 문제가 아니다. 개인마다 느끼는 정도가 다르므로 일정한 기준 없이 단순한 합을 구하기는 어렵다.

신고전파 경제학의 합리성 이론에서 효용 개념이 힘을 잃고 새뮤얼슨의 현시선호 이론이나 폰 노이만-모르겐슈테른의 기대효용 이론이 등장하게 된 요인 중 하나는 공리주의에 기반한 효용 개념이 이러한 난제를 풀지 못한 측면도 있을 것이다. 절차 효용 이론의 행복 연구에서는 행복의 수준을 설문조사와 통계적 방법을 통해 간접적으로 측정하는 우회로를 택한다.

1998년 노벨 경제학상 수상자인 인도 경제학자 센(A. Sen, 1933~)은 공리주의를 결과주의 이론이라고 비판하면서 합리적 선택 모델이 결과에 대한 선호와 과정에 대한 선호를 결합해야 한다고 주장한다. 센은 결과 공리주의가 도덕적 판단을 내릴 때 효용 이외의 다른 측면을 무시하고, 단순히 효용의 총합만을 고려하기 때문에 효용의 불평등에는 둔감하다고 비판한다.[6]

센은 효용과 효용 이외 다른 측면을 종합적으로 고려해서 한 사회를 판단해야 한다고 주장한다.[7] 이것은 앞에서 살펴본 결과와 함께 절차와 과정을 중시한 이론들과 일맥상통한다. 센은 역량(capability) 개념을 제시하면서 자신의 주장을 구체적으로 제시한다. 역량 개념은 개인이 가치 있게 여길 만한 삶을 성취할 수 있는 능력에 초점을 맞춘다. 이러한 능력에는 건강이나 타인과의 관계 등이 포함된다. 센의 역량 개념은 기존의 경제 정책 목표가 협소한 GDP에 한정되어 있다는 반성과 결합하여 GDP의 대안이 개발되는 방향으로 나아갔다. 대표적인 것이 UN의 HDI(human development index) 지수이다.

6 Sen(1979).
7 Sen(1995).

chapter 09

개인인가 집단인가

개인 선별과 집단 선별

다수준 선별 가설

선구자 다윈의 생각은?

집단 선별 압력

유전자-문화 공진화

선별 단위의 어려움

공생체의 선별

유기체와 다수준 선별

진화와 경제학

성 선별 가설

방법론적 개인주의와 방법론적 전체주의 논쟁은 사회과학 방법론에서 유명한 논쟁이다. 방법론적 개인주의는 역사와 사회를 움직이는 것은 개인이라는 견해인데, 개인을 대상으로 분석하고 이를 토대로 사회를 분석할 수 있다고 생각한다. 이와는 대조적으로 방법론적 전체주의는 사회가 개인과 무관하게 고유의 패턴에 따라 움직인다고 본다. 따라서 개인과 무관하게 사회를 하나의 대상으로 삼아 분석해야 한다고 주장한다.

개인 선별과 집단 선별

방법론적 개인주의와 방법론적 전체주의 논쟁 구도는 진화 이론에서도 유사한 양상으로 나타난다. 바로 '개인 선별 vs 집단 선별' 논쟁이다. 개인 선별은 자연 선별 과정에서 선별되는 대상이 유전자 또는 유기체 등의 개체, 즉 개인이라는 입장이고, 집단 선별은 집단이 선별 단위가 된다는 견해이다.

초기 진화론의 발달 과정에서 집단 선별 아이디어는 별 무리 없이 받아들여졌다. 하지만 진화생물학계에서 지배적인 견해는 개인 선별이었다. 동물학자 윈-에드워즈(V. C. Wynne-Edwards, 1906~1997)는 1962년 저서 『사회 행동과 관련된 동물의 분산』(*Animal Dispersion in Relation to Social Behavior*)에서 생태계에서 나타나는 많은 행위가 종의 이익을 위해 진화되었다고 주장하면서 집단 선별을 옹호하였다. 하지만 이 아이디어는 당시 개인 선별을 지지하는 많은 학자의 공격을 받게 된다. 이와 관련하여 대표적인 학자가 저서 『이기적 유전자』(*The Selfish Gene*, 1976)로 유명한 영국 진화생물학자 도킨스(R. Dawkins, 1941~)이다. 도킨스를 포함하여 많은 진화생물학자는 자연 선별이 주로 유전자 수준에서 작용한다고 주장하였고, 이타적 행위는 친족 선별 가설로 설명하였다.

이후 진화생물학에서는 개인 선별이 주류 이론으로 자리를 잡았다. 하지만 인간 사회에서 관찰되는 이타적 행위를 개인 선별로 설명하기는 여전히 쉽지 않았다. 특히, 생물학계와 달리 인간 사회를 설명해야 하는 사회과학계에서는 여전히 집단 선별에 대한 미련이 남았다.

이타적 행위 또는 협력적 행위는 인간의 고유한 특징만은 아니다. 관련 사례와 증거들도 점점 더 쌓이고 있다. 특정 원숭이 종의 경우 포식자의 접근을 경고하기 위해 울부짖는다. 이 소리를 들은 다른 원숭이들은 신속히 도망갈 수 있고, 집단의 생존에 도움이 될 것이다. 하지만 경고하는 원숭이는 포식자의 주목을 받게 되어 자신에게 위험한 상황을 초래한다. 자기희생적 행동으로 집단을 이롭게 하는 것이다. 무리를 이루어 지내는 사자도 유명한 사례이다. 수컷은 외부 위험으로부터 무리를 보호하고 암컷은 협력하여 사냥하고 새끼를 양육한다. 협력에 있어 우수한 사자 무리는 생존한다.

이타적 집단의 성공이 이타적 개인의 생존으로 연결된다는 집단 선별은 다시 관심을 받게 되지만, 이론적 난점이 존재하여 초기 집단 선별 가설은 힘을 잃게 된다. 최근 집단 선별 가설을 계승하는 다수준 선별(multilevel selection) 가설이 개인 선별 가설에 대응하는 이론으로 등장하였다.

다수준 선별 가설

다수준 선별은 기본적으로 개인 선별과 집단 선별이 모두 작용한다는 개념이다. 개인 수준과 집단 수준에서 작용하는 진화의 경쟁 압력에 의해 자연 선별이 이루어진다. 다수준 선별 가설의 핵심은 자연 선별이 개인에게만 적용되는 것이 아니라 위로는 집단 수준, 아래로는 세포 수준 등 여러 수준에서 적용된다는 것이다. 여러 수준에서 선별이 진행되고 더 큰 압력을 행사하는 수준의 선별이 결국 진화 과정에서의 생존과 번식을 결정한다.

이타적 개인의 존재도 다수준 선별로 설명할 수 있다. 자신을 희생하고 다른 개인을 위한 이타적 행동이 개인 수준에서는 불리하지만, 상위 수준, 즉 집단 수준에서 유리하다면 진화 과정에서 선별될 수 있다. 따라서 현실에서 관찰되는 이타적이고 협력적 행위를 설명할 수 있다. 개인 선별보다 집단 선별이 더 강력한 힘을 발휘하였다는 것이다.

다수준 선별은 다양한 수준에서 자연 선별이 일어난다. 가장 낮은 수준은 유전자, 다음은 세포, 그다음은 개별 유기체, 마지막으로 집단이다. 경쟁과 선별은 모든 수준에서 작동한다. 상위 수준에서의 선별은 하위 수준에서의 선별 때문에 무력화될 수도 있다. 기본적으로 다수준 선별 가설은 집단 선별이 일어나기 위해서는 집단 수준의 선별이 집단 내 개인 선별보다 더 강력해야 한다고 주장한다. 집단 내 개인들 사이의 차이가 크지 않고 동질적이라면 개인 선별은 별로 중요하지 않고 집단 선별에서 집단 간 경쟁이 중요하다. 인간의 경우 사회적 규범이 개인 선별 압력을 줄이고 집단 선별 압력을 높일 수 있다.

다수준 선별 가설의 대표적 학자로는 미국 진화생물학자 윌슨(D. S. Wilson, 1949~)이 있다. 그는 친족 선별 가설로 인간 행동을 설명하기 어렵다고 생각하면서 집단 선별 가설을 다수준 선별 가설로 부활시켰다. 윌슨은 문화의 역할을 강조해서 다수준 선별을 유전자-문화 공진화와 연결한다.

선구자 다윈의 생각은?

진화론의 선구자 다윈(C. Darwin, 1809~1882)은 저서 『종의 기원』(*On the Origin of Species*, 1859)에서 진화론을 제시하였다. 선별 문제와 관련하여서는 『인간의 유래』(*The Descent of Man, and Selection in Relation to Sex*, 1871)에서 집단의 진화가 개인의 생존에 영향을 미칠 수 있다고

설명한다. 집단의 한 개인이 새로운 도구를 발명해서 그 집단이 우수한 성질을 지니게 되고 다른 집단을 압도하는 상황을 생각해 보자. 다윈에 따르면, 이 경우 우수한 집단만 살아남고 성장하게 되면 그 집단에는 뛰어난 개인이 생길 가능성이 커진다. 개인과 집단의 피드백 현상을 지적한 것이다. 다윈의 이러한 설명 방식은 집단 선별의 견해로 연결된다.

개미 사회에서 일꾼개미와 병정개미의 존재는 전통적인 진화론에서 이상한 존재이다. 스스로 번식은 하지 않고 사회를 위해 희생만 하기 때문이다. 다윈은 이를 인지하고 있었고, 이타적 행위만 하는 개인이 진화 과정에서 어떻게 살아남는지 설명하기 어렵다고 생각하였고, 자연 선별이 개별 개미가 아니라 개미 집단 수준에서 작용한다고 생각하였다.

다윈은 평판 효과 가설과 유사한 주장도 하였다. 집단 내 구성원들 사이에서의 칭찬과 비난을 중요한 메커니즘으로 제시한다. 사람들은 집단을 위한 행동은 칭찬하고, 자신만을 생각하는 행동은 비난한다. 다윈은 동료들의 칭찬과 비난이 집단 내에서 강력한 힘을 발휘한다고 생각하였다. 이를 통해 집단 내에서 이타적 행동이 유지될 수 있는 것이다.

그렇지만 여전히 다윈은 개별 유기체를 선별 과정의 일차적 단위로 생각하였다. 예를 들어, 전쟁에서 용감하고 자기를 희생하는 사람이 많은 집단이 승리하지만, 그러한 사람들은 평균적으로 전쟁에서 더 많이 죽을 것이다. 다윈은 이러한 경우를 예로 들어 자신을 희생하는 개인의 생존은 부정적으로 설명한다. 개인 선별과 집단 선별, 다윈에게는 상충하는 두 생각이 공존하였다.

집단 선별 압력

다수준 선별 가설에 따르면, 개인의 이타심은 집단 선별의 힘이 개인 선별의 힘보다 클 때 나타난다. 집단 내 개인 간 갈등이 억제되면 이러한 현상이 나타난다. 예를 들어, 집단의 도덕 체계가 강력하게 작용하는 경우를 생각해 볼 수 있다. 원시 시대 소규모 인간 집단에서 구성원들은 서로 밀접한 상호작용을 하고 서로에 대한 감시와 압력이 쉽다. 누가 이기적으로 행동하는지 쉽게 알 수 있고, 쉽게 처벌할 수 있다. 처벌 압력은 집단 내 구성원들이 동질적 개인이 되도록 한다.

사회심리학 연구에 따르면, 인간은 자연스럽게 집단 내 구성원에게 호의를, 집단 밖 개인들에게 적대감을 보인다. 실험 참가자들을 동전 던지기로 두 집단으로 나눈다. 이 경우 임의로 두 집단이 구성되었는데도 불구하고 사람들은 쉽게 타 집단 구성원을 차별한다. 진화적 게임 이론에 기반한 시뮬레이션 연구[1]에서도 이러한 성향이

---

1 Choi and Bowles(2007).

진화 과정에서 살아남는 결과를 보여 준다.

유전자-문화 공진화

유전자-문화 공진화는 진화생물학과 현대 사회생물학을 결합하여 집단 선별을 설명하는 개념이다. 사실 유전자-문화 공진화는 다수준 선별을 주장하는 학자들이 가장 현실적인 가설로 간주한다. 문화 진화를 주장하는 미국 인류학자 보이드(R. Boyd, 1948~)와 생물학자 리처슨(P. Richerson, 1943~)이 대표적이다. 이들은 집단 내 학습을 통해 인간 집단이 여러 세대에 걸쳐 정보를 전달한다고 생각한다.

유전자가 DNA를 통해 정보를 전달한다면, 문화는 인간 사회를 통해 정보를 전달한다. 불을 이용하게 된 인류는 익혀서 조리된 음식을 섭취하게 되었다. 날음식보다 익힌 음식은 소화 기능이 덜 필요하기에 인간은 작은 크기의 소화 기관으로 충분하다. 언어의 발달은 발성 기관인 후두를 변화시키고 뇌의 크기는 증가시켰다.

선별 단위의 어려움

자연 선별 과정을 설명할 때 기본 단위를 개인으로 할 것인가, 집단으로 할 것인가는 중요하다. '개인 선별 vs 집단 선별(또는 다수준 선별)'은 사회과학과 자연과학의 많은 학자가 격렬하게 논쟁하고 있는 주제이기도 하다. 특히, 이타적 행위를 설명할 때 개인 선별과 집단 선별은 서로 다른 의미를 지닌다.

일반적으로 진화생물학은 생물체로서의 개인을 전제로 이론을 전개한다. 여기서 개인은 시공간적으로 분명히 구별되는 존재이다. 하지만 자연 생태계에서는 이러한 조건으로 구분하기 어려운 경우가 꽤 있다. 어디까지 개별 생물체인지 구분하지 못한다면 진화 과정에서 무엇이 선별되는지 말하기 어렵다.

진화 이론에서 선별 단위는 유전할 수 있는 특질을 지녀야 하고 번식할 수 있어야 한다. 유전자, 세포, 유기체뿐 아니라 군체(collectives)와 종(speicies)도 이 조건을 만족한다. 도킨스에 따르면, 유전자의 번식은 유기체가 매개체의 역할을 담당한다. 이 유기체가 환경에 적합한지에 따라 생존과 번식이 결정된다. 물론 세포와 군체 등도 매개체가 될 수 있다.

선별 단위의 어려움은 곳곳에서 발견된다. 바이러스는 생명을 가진 유기체인가? 바이러스는 숙주와 구별되는 정체성을 가지고 있지만 숙주에 의존해야만 번식한다. 바이러스는 선별 단위인 개인으로 인정할 수 있는가? 아직 논쟁 중이다. 사실 유전자도 스스로 신진대사를 할 수 없으며, 번식도 못한다. 다만 유전자는 진화 계통, 즉 진화 과정의 족보에 속한 것으로 볼 수 있기에 진화생물학에서 선별의 단위로 간주할 뿐이다.

공생체의 선별

공생(symbiotic) 관계에 있는 미생물과 유기체의 경우는 선별 단위와 관련하여 논의할 때 꽤 복잡한 경우이다. 개별 유기체는 자연선별이 작동하는 대표적 단위이다. 유기체는 단일 세포에서 발달하였기에 모든 세포가 같은 유전자형을 가지고 있다. 하지만 공생체는 유전적으로 동질적인 존재가 아니다. 유전적으로 서로 다른 존재가 공생한다.

하나의 유기체는 부분들로 구성되는데, 모두 신진대사의 측면에서 통합되어 협력하는 총체가 되어야 한다. 부분들은 각각 진화 계통을 지니고, 총체는 그 자체가 재생산하는 존재이다. 세포도 재생산하지만, 다세포가 통합된 유기체도 재생산한다. 인간의 세포는 각각 재생산하지만, 인간 자체도 재생산한다.

자연 생태계에서 다세포 유기체가 미생물과 공생하는 경우는 많이 발견된다. 인간도 미생물과 공생한다. 인간의 장 내 미생물은 소화 기능에 중요한 역할을 하는데, 보통 인간 스스로 합성하지 못하는 물질을 합성한다. 인간-미생물 공생체는 굉장히 복잡한 진화 계통을 지니고 있다. 인간과 공생하는 박테리아와 미생물이 1,000가지 있다면, 두 명의 부모와 1,000개의 미생물 부모가 존재하는 셈이다. 공생체는 서로 긴밀하게 연결되어 있어서 별개로 구분하기는 매우 어렵다. 그렇다면 공생체도 선별 단위로 인정할 수 있을까? 어려운 문제이다.

유기체와 다수준 선별

개별 유기체는 진화 이론에서 선별 단위로 인정된다. 그러나 다세포 유기체는 수많은 세포를 구성 요소로 가지고 있다. 진화 과정에서 선별되려면 세포들의 협력을 촉진하고 충돌을 줄여야 한다. 이기적 세포는 적절히 처벌하여야 한다. 이를 위해 유기체는 체세포 변이를 억제하거나, 생식세포를 격리하거나, 열등한 세포에 불이익을 준다.

일반적으로 진화생물학에서 유기체는 선별 단위인 개인이다. 하지만 유기체는 개인이면서 동시에 집단이다. 유기체는 공통의 혈통을 지닌, 협력하는 세포들의 집합이다. 집단 내 이기적 개인은 집단의 생존을 위협하듯이, 이기적 세포는 유기체라는 집단을 위협한다. 개인 선별 압력은 이타적 집단에 불리하듯이, 세포 선별은 세포들의 협력과 조화가 필수적인 유기체에 불리하다. 세포 수준에서의 경쟁은 유기체를 희생시키고 자신의 이득만을 추구하는 암세포에 유리하다.

단세포 유기체는 오랜 시간을 거쳐 다세포 유기체로 진화하였다. 이 과정에서 단일 세포는 유기체가 되기 위해 자신의 진화적 유산을 버렸다. 다세포 유기체는 단순히 공통 혈통 세포의 집합만은 아니다. 세포들의 내부 갈등을 조절하는 메커니즘이 필요하다. 이 작업을 훌륭히 수행한 유기체가 진화 과정에서 살아남았다. 다세포 유기체의 진화는 개인 선별과 집단 선별이 융합된 다수준 선별을 잘 보여 준다. 집단 내부의 협력을 촉진하여 단세포라는 개인을 뛰어넘는 유기체라는 새로운 수준의 개인을 탄생시킨다.

유기체를 집단으로 볼 수 있듯이 집단을 하나의 유기체로 볼 수도 있다. 대표적인 예가 개미 집단이다. 개미 집단은 종종 유기체에 비유된다. 집단 내에 특정 기능을 담당하는 특정 유형의 개미가 존재한다. 일꾼개미는 일을 하고 병정개미는 전투한다. 이들은 번식 활동은 하지 않는다. 생식세포와 체세포가 구분되는 것처럼 개미 집단 내에서는 번식 활동을 하는 유형과 하지 않는 유형이 구분된다. 후자 유형은 번식을 담당하는 여왕개미를 위한 자원과 서비스를 제공한다. 개미 집단이 하나의 유기체로서 기능한다. 나아가 탄생과 성장, 죽음과 같은 생명체의 변화 양상을 개미 집단도 지니고 있다. 따라서 진화의 관점에서 개별 유기체와 개미 집단은 차이가 없다.

진화와 경제학

진화 이론은 경제학에도 큰 영향을 미쳤다. 진화생물학의 논의 구도는 경제학에서도 나타난다. 경제학에는 진화경제학이라는 분야가 존재하는데, 진화 이론을 경제 영역에 적용하는 것이다. 여러 경제학 이론이 진화경제학 분야에 속한다. 신슘페터주의 경제학, 진화행동경제학, 생물학적 경제학, 보편적 다윈주의 등이 있다. 각 이론은 고유의 특징을 지니는데, 공통점은 경제를 시간 흐름에 따라 변화하는 것으로 이해한다는 점이다.

경제학자 슘페터는 자본주의를 진화 과정으로 파악하고 변화와 혁신을 중요시하였다. 신슘페터주의는 슘페터 이론을 기반으로 주로 기업과 산업 생태계를 분석하는 흐름을 말한다. 대표적 학자로는 미국 경제학자 넬슨(R. Nelson, 1930~)과 윈터(S. G. Winter, 1935~)가 있다. 중요한 핵심 개념으로 기업 내에서 기계적으로 진행되는 업무 수행 방식을 일컫는 '루틴'(routine)이 있다. 이는 가격 설정, 인력 채용과 배치, 재무 결정, 생산 방식 결정, 마케팅 등 다양한 과정에서 사용되는 기업 고유의 의사 결정 방식이다. 환경에 잘 적합한 루틴은 선별되고, 우수한 루틴을 가진 기업이 생존한다고 본다.

진화행동경제학은 앞서 살펴본 사회적 선호 이론이 대표적이다. 주로 개인의 이타성을 설명하고자 할 때 행동경제학과 실험경제학, 진화적 게임 이론 등에 기반하여 경제 현상을 설명한다. 강한 상호성과 같은 사회적 선호의 발생은 초기 인류 환경에서의 진화 과정에 기인한 것으로 설명한다. 수렵채집 사회의 원시 인류는 함께 협력하여 식량을 확보해야 하므로 협력이라는 사회적 규범이 필수적이었다. 문명사회에서도 신뢰를 기반으로 한 시장 교환, 함께 생산하며 규모의 경제를 달성하는 대규모 분업 생산, 끊임없는 전쟁과 충돌 등 협력의 필요성은 줄어들지 않았다. 협력과 상호작용이 중요한 사회적 선호는 진화 과정을 거치며 인간의 성향으로 남게 되었다.

생물학적 경제학은 생물학 또는 관련 분야 이론을 이용해 경제 현상을 이해하고자 한다. 대표적으로 신경경제학(neuroeconomics)과 유전경제학(genoeconomics)이 있다. 각각 신경과학과 유전학을 적용하여 경제 분석을 시도한다. 사회적 선호 이론과 유사하게 개인의 성향을 설명하는 다양한 이론이 발달하였다. 또한 서로 다른 국가와 사회, 지역을 대상으로 유전적 특질의 차이를 이용하여 경제적 성과의 차이를 설명하기도 한다.

보편적 다윈주의는 진화 이론을 모든 학문 분야에 적용하려는 시도이다. 모든 학문 분야의 대상을 다윈의 진화론에 기반하여 변이, 자연 선별, 유전 등 진화 과정으로 설명한다. 경제학에서도 보편적 다윈주의를 주창하는 흐름이 존재한다. 영국 경제학자 호지슨(G. Hodgson, 1946~)이 대표적 학자인데, 그는 다수준 선별 이론을 강조한다. 호지슨의 주요 분석 대상은 신슘페터주의와 마찬가지로 기업이다. 특히, 기업과 관련한 법 제도에 주목하는데, 법 제도는 변화하는 경제 상황과 상호작용한다. 또한 성 선별(sexual selection) 가설에 기반하여 시장에서 상품이 선택되는 과정을 설명하기도 한다.

성 선별 가설

다윈은 성 선별을 특정 개체가 번식과 관련하여 선별되는 과정으로 설명하였다. 성 선별은 짝짓기할 짝을 찾는 경쟁을 통해 진행된다. 따라서 환경에 적응하는 것이 아니라 경쟁자 또는 짝의 선호에 적응한다. 성 선별은 선호도의 차이에 의해 주도되므로 생존을 위한 경쟁의 관점에서는 낭비적인 형질이 나타날 수 있다.

다수준 선별 가설이 이타성을 설명한다면 성 선별 가설은 낭비성을 설명한다. 낭비적 특성의 전형적인 예는 공작의 꼬리이다. 수컷 공작의 꼬리에 있는 화려한 깃털은 포식자의 눈에 띄기 때문에 생존에 불리한 형질이다. 이런 쓸모없어 보이고 생존 확률을 떨어뜨리는 깃털은 진화 과정에서 어떻게 살아남았을까? 성 선별 가설에 따르면, 공작의 꼬리 깃털은 짝을 유인하기 위해 진화한 성적 장식품이다. 암컷의 눈에 띄는 화려한 깃털은 번식의 가능성을 높인다.

진화 과정에서 선별되려면 생존과 번식이라는 두 가지 과제를 수행해야 한다. 성 선별 가설은 번식 측면에 주목하는 것이다. 공작의 화려한 꼬리는 여러 세대에 걸쳐 암컷 공작이 길고 화려하며 무늬가 있는 깃털을 선호하는 짝을 선택한 결과이다. 여기서 의문이 들 수 있다. 왜 암컷 공작은 생존에 불리한 것처럼 보이는 화려한 꼬리 깃털을 선호하도록 진화하였을까? 이 질문에 대한 답변으로 흔히 피드백 메커니즘과 핸디캡 가설을 언급한다.

피드백 메커니즘 가설에 따르면, 암컷이 처음에 화려한 꼬리 깃털을 선호한 이유는 확실하지 않지만 일단 화려한 꼬리 깃털을 선호한 암컷의 비중이 집단 내에서 높아지다가 어느 수준 이상이 되면 급속도로 그 비율이 높아져서 주류가 된다는 것이다. 유행 현상과 비슷하다. 유행도 초기에는 소수에게 인기를 끌다가 어느 수준 이상이 되면 사회 전체로 확산한다. 핸디캡 가설은 화려한 꼬리가 생존에는 불리한, 즉 일종의 핸디캡이지만, 생존한 수컷 공작의 우수한 형질을 나타내는 표시가 될 수도 있다. 따라서 암컷 공작은 화려한 꼬리 깃털로 수컷 공작의 뛰어남을 확인할 수 있다는 것이다.

성 선별 가설의 논리를 이용하여 시장에서 상품이 선택되는 과정을 설명하기도 한다. 명품 가방과 고급 스포츠카와 같이 눈에 띄고 화려한 소비가 이성에게 자신의 매력을 높이는 신호로 작용한다면, 이러한 소비 성향이 상품 선택에 영향을 줄 수 있다. 즉, 상품 선택 동기에 구애 전략을 생각할 수 있다는 것이다. 유행을 따르는 소비나 자신만의 고유한 소비 모두 성 선별 가설을 적용하여 설명할 수 있다. 하지만 이러한 상품 선택 과정에서 낭비적이고 비효율적인 상품이 선택될 수 있다.

chapter 10

내 마음의 신경 회로

신경 네트워크

신경경제학

이타적 본성과 최후통첩 게임

신뢰 게임

소비 결정

가치와 학습

소비와 가치 부여

평판 효과와 시점 간 선택

인간의 성장과 사회적 선호

마음 이론

정신화

인간 개인은 수많은 세포의 집합이다. 수많은 세포가 개인이라는 유기체의 생존을 위해 협력한다. 협력의 결과 환경에 가장 적합한 결정을 한 유기체가 진화 과정에서 살아남는다. 단세포에서 다세포 유기체로 진화하면서 점점 더 많은 체계를 갖추고, 복잡해진 신체를 유지하고 제어하기 위해 더 복잡한 뇌가 등장하였다.

신경 네트워크

인간의 뇌는 뉴런이라고 하는 신경세포들로 구성된 신경 네트워크이다. 신경세포는 서로 신호를 주고받아서 정보를 전달하고 판단한다. 신경세포가 다른 신경세포로부터 신호를 받으면, 신호를 받은 신경세포는 전기신호 활동이 높아진다. 이것을 발화한다고 한다. 신경세포가 발화하면 신경세포 간 틈새인 시냅스(synapse)로 화학물질이 방출된다. 이 방출된 물질이 다른 신경세포에 신호를 전달한다. 이런 방식으로 500조 개가 넘는 신경세포들은 서로 신호를 전달한다.

신경과학은 주로 뇌를 중심으로 신경 네트워크를 분석하는데, 최근에 분자생물학, 전기생리학, 계산 신경과학 등의 발전에 따라 더욱 활발한 연구가 이루어지고 있다. 신경과학은 생물학이나 의학뿐 아니라 인지과학, 컴퓨터과학 및 다양한 사회과학의 분야들을 넘나들고 있다. 특히, 철학과 경제학은 신경과학과 점점 더 밀접한 관계를 맺어 가고 있다.

프리드먼은 인간이 '마치'(as if) 호모 이코노미쿠스인 것처럼 가정하자고 제안하였다. 그러나 이러한 합리적 개인 모델 분석이 설명하지 못하는 현실이 많이 관찰되면서 이러한 제안은 설득력이 약해졌다. 이제 연구자들은 '마치 그런 것처럼' 가정하지 않고 인간의 의사 결정 과정을 직접 분석하고자 하였다. 어떤 행동경제학자들은 인간의 두뇌와 신경 시스템을 연구함으로써 의사 결정 과정을 분석할 수 있다고 생각한다.

많은 학자는 사람들이 의사 결정을 할 때 뇌에서 무슨 일이 벌어지는지 직접 확인해서 인간 개인의 의사 결정 메커니즘을 분석하고자 한다. 이러한 바람은 현대 신경과학의 발달을 통해 현실에서 이루어지고 있다. 신경과학과 경제학이 결합한 분야, 신경경제학(neuroeconomics)에서 사람들의 의사 결정을 직접 분석하고자 시도하고 있다.

신경경제학

신경과학은 인간의 뇌를 구성하는 뉴런과 다양한 신경 시스템을 대상으로 분석한다. 신경과학의 방법을 이용하여 신경경제학은 뇌의 신경 메커니즘이 경제와 관련된 의사 결정을 할 때 어떻게 작동하는지 분석한다. 인간의 마음이 작동하는 과정을 탐구하여 경제 영역에서 시사점을 얻고자 하는 것이다.

신경경제학은 신경과학의 분석 방법을 사용한다. 주로 실험 참가자가 자극이나 정보를 받거나 판단하는 과정에 있을 때 뇌를 스캔하여 신경세포의 활동을 확인한다. 뇌를 확인할 때 여러 가지 기술이 사용된다. 자기공명영상법(magnetic resonance imaging, MRI)은 자기장을 이용해 몸속의 수소 원자를 활성화해서 이 원자들의 무선 신호를 감지해서 촬영하는 방법이다. 기능적 자기공명영상(functional magnetic resonance imaging, fMRI)은 MRI의 정적인 영상을 동영상으로 변화시키는 도구이다. 실험 과정에서 참가자의 뇌에서 어떤 신경세포가 활성화되는지 확인할 수 있다. 또 다른 방법으로 양전자 방출 단층촬영(positron emission tomography, PET)이 있는데, 방사성 약품을 투여한 후 촬영하여 체내에서의 동위원소의 분포를 확인한다.

좀 더 직접적인 실험 방법도 있다. 특정 신경세포를 직접 활성화하거나 억제하는 방법이다. 이를 위해 경두개 직류전기자극(transcranial direct current stimulation, tDCS)과 경두개 자기자극(transcranial magnetic stimulation, TMS)을 사용한다. 전자는 두피에 전극을 부착하고 전기자극을 보내 신경세포를 활성화하고, 후자는 자기장을 통과시켜 특정 신경세포를 활성화하거나 억제한다. 이런 방식으로 특정 신경세포의 영향 여부를 직접 확인한다.

이타적 본성과 최후통첩 게임

이타적 행동은 인간뿐만 아니라 다른 여러 종에서도 관찰되고, 친족 선별 가설이나 장기적 이득 가설로 설명할 수 있다. 하지만 낯선 사람과 1회적 상호작용에서도 이타적/협력적 행동이 나타나는 것을 설명하지는 못한다. 사회적 선호 가설은 진화 과정에서 강한 상호성과 같은 성향이 살아남은 것으로 설명한다. 특히, 사회적 처벌 메커니즘과 유전자-문화 공진화에 주목한다.

신경경제학 실험 결과들에 따르면, 사람들은 죄수의 딜레마 상황에서 협조적 행위를 하거나 공정하지 못한 행위에 대해 처벌할 때 만족감을 얻는다. 예를 들어, 죄수의 딜레마 게임을 하는 실험 대상자들의 뇌를 fMRI 기법으로 관찰한 결과, 협조적 결정을 하는 경우 보상 과정과 관련 있는 부분들이 활성화된다.[1] 단순하게 말하자면 이기적 행위가 아니라 비이기적 행위로부터 만족감을 얻는다는 것이다. 남을 돕거나 자신을 희생해서 이기적 타인을 처벌하는 것은 즐거운 일이다. 인간의 본성은 이기심이 아니다.

이타적 본성은 최후통첩 게임에서 잘 드러난다. 실험 참가자들이 최후통첩 게임을 하고, 그 과정에서 뇌를 스캔하면 분명하게 파악할 수 있다. 최후통첩 게임에서 불공정한 제안을 받을 때 사람이

1 Rilling *et al.*(2002).

공정성 선호를 지녔다면 뇌에서 특이 현상이 발견될 것이다. 실제로 실험하면 뇌의 우측 배외측 전전두피질(dorsolateral prefrontal cortex), 전대상피질(anterior cingulate cortex), 전측 섬엽(anterior insula)이 강하게 활성화된다. 특히, 전측 섬엽이 강하게 활성화될수록 불공정한 제안에 거부하는 경우가 많아진다. 또한 우측 배외측 전전두피질을 억제하는 경우 불공정한 제안에 대한 거부는 감소하였다. 즉, 참가자들은 제안이 불공정하다고 생각해도 제안을 수락한다.[2]

이러한 최후통첩 게임 실험 결과는 공정성 선호의 존재를 신경세포 수준에서 확인해 준다. 일반적으로 배외측 전전두피질은 인지 통제와 관련이 있고, 전대상피질은 인지 및 정서적 갈등을 관리하며, 섬엽은 내부 상태의 신호 표현을 통해 감정 처리를 보조한다. 이러한 역할을 담당하는 부분이 활성화되는 것은 이러한 기능들이 공정성과 관련된 역할을 한다고 해석할 수 있다.

안와전두피질(orbitofrontal cortex)이 손상된 환자는 최후통첩 게임에서 불공정한 제안을 거부할 가능성이 높다는 실험 결과[3]도 있다. 뇌의 안와전두피질은 감정적 의사 결정에 중요한 역할을 하는 부분으로써 공격성을 조절한다. 즉, 부정적인 감정을 조절하는 기능이 손상되면 불공정한 제안에 대한 부정적인 감정이 그대로 표출된다. 이러한 최후통첩 게임 실험 결과는 의사 결정에서 사고 과정이 아닌

2 Gabay *et al.*(2014).
3 Koenigs and Tranel(2007).

감정 또는 정서의 중요성을 보여 준다. 즉, 인간은 본능적으로 공정성을 선호한다.

신뢰 게임

최후통첩 게임과 함께 인간의 의사 결정을 파악하는 실험에서 많이 사용하는 것이 신뢰 게임이다. 최후통첩 게임의 제안자와 응답자처럼, 신뢰 게임에서는 참가자가 신탁자와 수탁자로 구분된다. 둘 모두에게 일정액이 주어지는데 10만 원이라고 가정하자. 양도 금액을 만 원 단위로 할 수 있다면, 신탁자는 수탁자에게 최소액인 1만 원을 양도할 수 있고 최대액인 10만 원 전부를 양도할 수 있다. 양도액을 결정하면 양도액의 몇 배를 곱해서 그 액수를 수탁자에게 전달한다. 만약 5배를 곱하는 실험에서 신탁자가 본인이 받은 10만 원 중 5만 원을 양도하기로 하였다면 수탁자에게 25만 원이 전달된다. 이제 신탁자는 5만 원, 수탁자는 35만 원이 수중에 있게 된다. 자, 이제 수탁자가 결정할 순서이다. 수탁자는 신탁자에게 원하는 액수를 전달할 수 있다. 신탁자가 양도한 5만 원만 돌려줄 수도 있고, 자신에게 전달된 25만 원을 고려해서 5만 원보다 많은 액수를 돌려줄 수도 있다. 물론 한 푼도 전달하지 않아도 된다. 신탁자와 수탁자, 각각의 결정은 어떻게 나타날 것인가?

수탁자가 자신의 이득을 극대화하는 호모 이코노미쿠스라면 한 푼도 돌려주지 않을 것이다. 신탁자도 호모 이코노미쿠스라면 이러한 수탁자의 행동을 예측하고 한 푼도 양도하지 않을 것이다. 결과는 각각 처음에 받은 10만 원을 간직하는 것으로 끝난다. 신탁자와 수탁자에게 최선의 결과는 무엇인가? 신탁자가 수탁자를 신뢰하여 자신의 10만 원 전부를 양도하면, 수탁자는 5배인 50만 원을 양도받아서 총 60만 원을 소유하게 된다. 수탁자는 신탁자의 신뢰에 보답하기 위해 상당한 액수를, 최소한 10만 원보다는 훨씬 큰 액수를 돌려준다. 예를 들어, 20만 원을 돌려준다고 하자. 신탁자 20만 원, 수탁자 40만 원, 이 얼마나 만족스러운 결과인가! 호모 이코노미쿠스 결과보다 훨씬 높은 액수를 얻게 된다.

신뢰 게임은 신탁자가 수탁자를 얼마나 신뢰하는가, 그 신뢰에 대해 수탁자는 어떻게 대응하는가 등 다양한 측면을 확인할 수 있다. 신탁자와 수탁자의 상호작용이 중요하고, 상대방의 의도를 어떻게 이해하는지도 중요하다. 합리적 선택 모델에 따르면, 신탁자가 상당한 액수를 수탁자에게 양도하여 자신의 신뢰를 보여 주었더라도, 수탁자는 한 푼도 돌려주지 않는, 상대방의 신뢰에 대해 일종의 배신 행위를 하는 것이 호모 이코노미쿠스의 최적화 결정이다. 실제로 실험에서도 이러한 결과가 나올까? 최후통첩 게임과 독재자 게임, 공공재 게임에서 나온 결과들이 모두 합리성 이론의 예측을 벗어났다. 신뢰 게임 실험 결과도 마찬가지이다.

이타적 처벌 메커니즘은 신뢰 게임에서도 적용할 수 있다. 만약 수탁자의 배신에 대해 신탁자가 처벌할 수 있다면? 처벌에 비용이 들더라도 처벌할 것인가? 신경과학 실험을 통해 확인된 바로는 수탁자의 배신에 대한 처벌이 가능한 경우 처벌의 비용 유무와 상관없이 처벌할 때 뇌의 꼬리핵(caudate nucleus) 부분의 활성화 정도가 높다.[4] 꼬리핵은 쾌락과 보상에 반응하는 영역이다. 따라서 처벌 자체가 만족감을 준다고 해석한다.

이타적 처벌은 꼬리핵에 장착된 본능적 성향이다. 다만 사회적 규범을 어기는 사람을 처벌하는 것에서 나오는 만족이 아니라 단순한 복수의 성공에서 기인한 만족일 수 있다. 만약 게임과 무관한 제3자가 수탁자의 배신을 관찰하고 자기 비용을 들여서 처벌한다면, 복수심과 무관하게 사회적 규범 위반자에 대한 처벌로 해석할 수 있다. 나의 복수가 아니라 남의 복수를 대신 해 주는 것이다. 사회적 규범을 어기는 사람은 나에게 피해를 주지 않더라도 처벌해야 한다는 것이다. 이 또한 최후통첩 게임이나 공공재 게임 등 여러 실험에서 확인되었다.

소비 결정

경제학에서 의사 결정과 관련하여 가장 활발히 연구가 진행되고

4 de Quervain *et al.*(2004).

있는 분야 중 하나가 소비자의 의사 결정이다. 소비자는 소비 결정을 어떻게 하는가? 합리적 개인은 본인이 소비로부터 얻는 만족을 최대화하기 위해 본인이 소유한 자금을 효율적으로 분배하여 최적 소비량을 결정한다. 이것이 신고전파 경제학의 소비 결정 이론이다. 하지만 이러한 소비 결정 이론은 많은 비판을 받았다. 특히, 최근 행동경제학의 이론을 통해 대부분 합리적 소비 이론은 반박되었다.

소비 결정에 대한 신경과학 실험과 분석도 상당히 진척되었다. 신경경제학에서 소비 결정에 대한 분석은 뉴로마케팅(neuromarketing)이라는 분야에서 활발하게 이루어지고 있다. 한 실험을 살펴보자.[5] 실험 참가자가 구매 결정을 하는 과정에서 fMRI로 참가자의 뇌를 관찰한다. 관찰 결과에 따르면, 상품을 보는 동안 상품에 대한 선호도가 높을수록 뇌의 측좌핵(nucleus accumbens)이 강하게 활성화된다. 또한 가격이 제시된 후 참가자가 느끼는 상품의 가성비는 뇌의 내측 전전두피질(medial prefrontal cortex)의 활동에 비례한다. 단, 가격이 과도한 경우에는 부정적 감정과 관련된 섬엽(insula)이 활성화된다. 최종적으로 실제 상품을 구매할 때는 다른 부위가 활성화되는데, 상품 구매 결정과 관련해서는 양측 전대상피질(anterior cingulate cortex)과는 반비례, 복내측 전전두피질(ventromedial prefrontal cortex)과는 정비례 관계가 나타난다. 이러한 실험에서 복내측 전전두피질이

5 Knutson *et al.*(2007).

자주 등장하는데, 이 영역은 감정을 조절하는 기능을 담당하며, 최근 실험에서 감정이 긍정적인지 부정적인지를 예측하는 데 도움을 준다.

소비 관련 실험에서 의지력이나 자제력은 주목의 대상이다. 다이어트 중인 사람에게 건강에 좋은 음식과 좋지 않은 음식을 선택하는 실험이 있다. 참가자가 음식을 선택할 때 자제력을 발휘하면 좋은 음식을 선택할 것이고, 그렇지 않으면 좋지 않은 음식을 선택할 것이다. 이러한 실험에서 자제력을 발휘할 때 배외측 전전두피질이 활성화된다.[6]

가치와 학습

의사 결정은 기본적으로 여러 가지 대안들이 있을 때 그중에 하나를 선택하는 것이다. 이때 선택을 위해서는 대안들을 평가해야 하고, 평가를 위해서 대안들 각각에 점수를 부여해야 하는데, 그 점수를 가치라고 부른다. 가치는 본인의 주관적인 시각에 의해서 평가한 점수이다. 신경경제학은 가치 기반 의사 결정 과정에서 개인이 어떻게 가치를 부여하는지 파악한다.

가치는 학습을 통해 부여한다. 간단한 동물 실험에서 원숭이에

6 Takehana *et al.*(2024).

게 특정 자극을 준 뒤 과일로 보상한다. 이러한 과정을 반복하면 원숭이는 학습을 통해 그 자극에 긍정적 가치를 부여한다. 이 실험에서 원숭이의 뇌를 조사하면 보상을 받을 때 특정 신경세포 활동이 증가한다. 실험이 반복되어 보상에 대한 예측이 완료되면 신경세포 활동은 다시 감소한다.

소비와 가치 부여

소비자의 의사 결정과 관련하여 상품에 대한 가치 부여는 상품의 품질에 영향을 받는다. 하지만 상품의 품질과 무관한 다른 정보도 영향을 미친다. 이러한 정보가 뇌의 신경 네트워크의 작동에 영향을 미치면 소비자의 선호와 가치 평가에 영향을 미치게 된다.

와인 시음과 관련한 fMRI 실험[7]에 따르면, 가격 정보가 와인의 만족도에 영향을 준다. 와인이 더 높은 가격에 제시되었을 때 안와전두피질이 활발해지고 맛을 높게 평가한다. 가격 정보가 미각에 변화를 일으킨 것이다. 외부 신호가 상품의 가치 평가에 영향을 주는 결과는 자주 발견된다. 다른 실험에 따르면, 식품 포장에 유기농 표시가 있을 때 측좌핵과 배외측 전전두피질이 활성화되면서 식품에 대한 지불 의향이 증가한다.

7 Plassmann *et al.*(2008).

이렇게 소비 결정 과정에서 뇌의 신경세포가 영향을 받아 변화가 생기면 소비자의 선호도와 가치 평가는 이를 반영하게 된다. 이 결과를 이용하면 실제 소비자의 소비 결정을 좀 더 정확히 예측할 수 있을 것이다. 일반적으로 소비자가 스스로 보고한 자신의 선호도와 상품 가치는 소비자의 소비 결정을 예측하는 중요한 특성이다. 이러한 특성들을 이용해서 소비 결정을 예측하는 모델을 만들 수 있다. 만약 이 소비 예측 모델에 소비자의 두뇌 신경 활동을 추가하면 더욱 정확한 예측이 가능하다. 실제로 신경과학의 fMRI 데이터를 이용하면 소비자의 선택에 대한 예측력은 더 높아진다.

이러한 아이디어는 시장 수준의 수요 예측에도 적용된다. 실험 참가자가 노래를 듣는 동안 두뇌 활동을 측정하면 측좌핵과 안와전두피질 활성화 정도가 노래에 대한 개인의 선호도와 밀접한 관련이 있다. 이러한 실험 결과를 적용해서 실제 미국 음반 시장에서 앨범 판매량을 분석하였다. 음원 실험에서 실험 참가자들의 복측선조체(ventral striatum)의 활성화 정도는 이후 3년간 해당 노래의 총판매량과 관련이 있었다. 실제 시장 판매량을 예측하기 위해 신경과학의 표본 조사를 이용할 수 있다.[8]

자외선 차단제에 관한 건강 캠페인 광고를 사용한 실험[9]도 의미 있는 결과를 제시한다. 실험 참가자가 광고를 시청하는 동안 내측

8 Berns and Moore(2012).
9 Falk *et al.*(2010).

전전두피질 활동의 정도는 실제 자외선 차단제 사용량과 밀접한 관련이 있었다. 이것은 실험 참가자가 스스로 보고한 자외선 차단제에 대한 태도보다 더 설명력이 높았다. 본인이 의식적으로 수행한 평가보다 뇌의 신경세포가 더 정확하게 본인의 행동을 예측한 것이다. 금연 광고와 관련한 실험[10]도 이와 유사한 결과를 제시한다.

평판 효과와 시점 간 선택

인간 사회에서 나타나는 이타적 행동은 평판 효과 가설로 설명하기도 한다. 타인으로부터 인정을 받기 위해 이타적 행동을 한다는 것이다. 좋은 평판을 얻게 되면 미래 상호작용에서 자신의 이득이 높아질 것을 예상할 수도 있지만, 좋은 평판 자체가 보상으로 받아들여질 수도 있다.

신경경제학 분석에 따르면, 좋은 평판을 받을 때 활성화되는 뇌의 영역은 금전적 보상을 받을 때 활성화되는 뇌의 영역과 일치한다. 특히, 우측 배측 전전두피질(lateral prefrontal cortex)이 손상되면 호의적인 평판을 형성하는 능력이 감소한다.[11] 실제로 전전두피질이 덜 발달한 다른 종에서는 평판 효과가 별로 눈에 띄지 않는다.

시점 간 선택은 경제학에서 의사 결정과 관련하여 자주 언급되

10 Falk *et al.*(2012).
11 Knoch *et al.*(2009).

는 중요한 주제이다. 행동의 결과가 바로 나타나지 않고 미래에 나타나는 경우 지금 시점에 그 행동을 선택할 것인가? 이러한 시점 간 선택은 즉각적 보상과 지연된 보상 사이의 선택을 의미한다. 뇌의 영역 중에서 변연계(limbic system)는 즉각적 보상이 있는 경우 활성화하고, 전전두피질(prefrontal cortex)은 지연된 보상의 경우 활성화한다. 변연계는 대뇌 피질과 시상하부 사이에 있는 신경세포 집단으로 감정, 행동, 동기 부여 등의 기능을 담당한다. 전전두피질은 전두엽의 앞부분 대뇌 피질을 말하며 사고 과정과 판단 기능을 담당한다. 이는 대안을 평가하고 보상을 미래 시점으로 연기하는 데 필수적 요소이다.

인간의 성장과 사회적 선호

협력적 태도와 이타적 처벌과 같은 사회적 선호는 태어날 때부터 갖추고 있는 본성인가? 일반적으로 영유아는 명시적인 요청이나 보상 없이도 타인을 돕는 행위를 한다. 12개월에서 18개월 사이 영유아는 물건을 떨어뜨린 성인을 보면 기꺼이 돕고, 24개월이 되면 고통에 빠진 타인을 위로하기 시작한다. 다만 타인을 위해 자신의 소유물 일부를 포기해야 하는 경우는 이러한 사회적 선호 행위를 주저한다.

독재자 게임 실험[12]에서 영유아는 대부분 자원을 혼자 독점하는 경향이 있다. 그러다가 3세에서 8세 사이에서는 상대방에게 주는 액수가 증가하다가 9세가 되면 성인과 유사한 액수가 나타난다. 하지만 이렇게 공정한 분배를 선호하는 성향은 학습의 결과라고 보기는 어려운데, 이미 15개월 유아는 불평등한 분배 상황을 공평한 분배 상황보다 더 많은 시간 응시하는 등 공정한 분배를 기대하는 성향을 보여 준다.

협력 성향과 공정성 선호와 같은 사회적 선호는 태어날 때부터 갖추고 있지만, 다양한 사회적 행동은 아동기와 청소년기를 거치면서 점점 더 발달한다. 이러한 사회적 행동의 발달은 타인의 관점을 이해하는 능력인 마음 이론(Theory of mind)과 밀접한 관계가 있다.

마음 이론

마음 이론은 타인의 시각을 이해하고 감정을 상상하며 행동을 추론하는 능력이다. 타인의 마음을 직접 관찰하여 파악하지 않고 경험에 기반하여 추론한다. 이를 확인하기 위해 발달심리학 실험의 고전인 샐리-앤 테스트(Sally-Anne Test)를 이용한다. 먼저 샐리와 앤, 두 인물이 나오는 인형극을 실험 참가자에게 보여 준다. 샐리는 바구니에 구슬을 넣고 다른 곳으로 간다. 이어 앤이 나와서 구슬을 자

12 Benenson *et al.*(2007).

신의 상자에 옮긴다. 샐리가 다시 등장하면서 막을 내린다. 실험 참가자에게 샐리가 구슬을 찾기 위해 어디를 찾아볼 것인가를 질문한다. 마음 이론이 정상적으로 작동한다면, 즉 샐리의 마음을 파악한다면 샐리는 바구니를 볼 것이라고 대답한다.

일반적으로 4세 아동의 경우 샐리-앤 테스트를 통과한다. 하지만 4세 이전 유아 또는 자폐아의 경우 실제 구슬이 있는 상자를 가리킨다. 즉, 이들에게는 마음 이론이 작동하지 않는 것이다. 6~17세의 자폐증 및 다운 증후군 아동을 대상으로 한 연구[13]에서는 5명 중 4명이 샐리-앤 과제에 실패한 것으로 나타난다. 이러한 마음 이론은 청소년기 이전에 나타나지만, 타인의 마음을 이해하는 데 필요한 능력은 청소년기에도 계속 발달한다.

최후통첩 게임에서 제안자는 어떤 종류의 제안이 거절될 가능성이 있는지 유추하기 위해 응답자의 마음을 이해해야 한다. 실제로 샐리-앤 테스트를 통과한 아동의 경우 그렇지 못한 또래 아동보다 최후통첩 게임에서 관대한 제안을 더 자주 한다. 또한 자폐아의 경우 최후통첩 게임에서 자신의 이득을 우선으로 생각하는 제안을 한다. 상대방의 의사가 전혀 무관한 독재자 게임과 비교하면 최후통첩 게임은 상대방에 대해 이해해야 하는, 즉 마음 이론이 중요하다. 실제로 독재자 게임에서는 자폐아와 다른 아동은 큰 차이를

13 Baron-Cohen *et al.*(1985).

보이지 않는다.

최후통첩 게임에서 8:2와 2:8, 두 가지 중에서 선택해야 하는 경우 8:2 제안도 많이 수용된다. 이것은 제안자에게 다른 공정한 제안이 부족하기에 어쩔 수 없는 결정이라고 응답자는 이해하는 것이다. 즉, 상대방의 의도를 고려하여 응답자는 수용 여부를 결정한다. 상대방이 인간이 아닌 컴퓨터의 경우 불공정한 제안이 많이 수용된다는 실험 결과도 이러한 생각을 뒷받침한다. 컴퓨터는 불공정한 의도가 없기 때문이다.

아동과 청소년에 대한 최후통첩 게임 실험에 따르면, 다른 대안이 없는 경우 이기적 제안에 대한 거부율은 9세와 18세 사이에 감소한다. 나이가 많아질수록 제안자의 의도를 많이 고려한다. 이러한 양상은 신뢰 게임에서도 마찬가지로 나타난다. 신뢰 게임은 상대방의 마음을 이해하는 것이 특히 중요하다. 신탁자는 자신이 수탁자를 신뢰할 때 수탁자가 얼마나 그 신뢰에 보답할 것인지를 생각해야 한다. 청소년 대상 실험에 따르면, 나이가 많을수록 신탁자가 수탁자를 신뢰하는 정도가 증가한다.[14]

신경과학 연구에서 마음 이론과 관련된 뇌 부위를 찾아내고자 시도하였다. 마음 이론과 연관된 뇌 영역으로 전측부대상피질(anterior paracingulate cortex), 전전두피질(prefrontal cortex), 상측두고랑(superior

14 Sijtsma *et al.*(2023).

temporal sulcus), 양측 측두극(temporal poles bilaterally) 등이 주로 언급된다. 가위바위보 게임 실험에서 상대방이 사람이면 전측부대상피질이 활성화되는데, 이것은 상대방의 의도와 감정을 이해하려는 노력과 관련 있다. 컴퓨터와 게임을 할 때는 이 부분이 활성화되지 않는다. 신뢰 게임 실험에서도 전전두피질은 컴퓨터보다 사람과 게임을 할 때 더 활성화된다. 이 경우 비협력적 참가자들의 활성화 정도는 차이가 없는 것으로 나타난다.[15]

정신화

마음 이론과 유사하면서 좀 더 넓은 의미를 포함하는 정신화(mentalization)라는 개념이 있다. 정신화는 자신 또는 타인의 행동을 기반으로 자신이나 타인의 정신 상태를 이해하는 능력이다. 보통 뇌에서 배내측 전전두피질(dorsomedial prefrontal cortex), 내측 전전두피질(medial prefrontal cortex), 전설소엽(precuneus), 측두-두정 접합부(temporoparietal junction) 등이 정신화를 담당하는 영역으로 알려져 있다. 이 영역들은 주로 다른 사람의 생각이나 신념을 추론할 때 활성화된다.[16]

10세에서 20세 사이 청소년층을 대상으로 한 최후통첩 게임 실

15 McCabe *et al.*(2001).
16 Frith and Frith(2006), Kliemann and Adolphs(2018).

험에 따르면, 제안자가 다른 대안이 부족한 상황에서 이기적 제안을 하는 경우 나이가 들면서 측두-두정 접합부는 더 활성화되고 응답자의 거부율은 감소한다. 이는 연령이 올라감에 따라 이기적 제안의 배후에 있는 제안자의 의도에 점점 더 주목한다는 것이다.

신뢰 게임에서도 비슷한 실험 결과들이 보고되었다. 신뢰 게임에서 타인을 신뢰하는 결정은 성인이 되어 나이가 들면서 측두-두정 접합부의 활동이 증가하는 것과 일치한다. 청소년과 청년기를 대상으로 한 실험도 마찬가지이다. 수탁자가 신뢰받을 때 측두-두정 접합부가 강하게 활성화되고, 나이가 들면서 활성화 수준은 높아진다. 이런 실험 결과들에 따르면, 사회적 선호는 최후통첩 게임과 신뢰 게임 등에서 잘 확인되는데, 이러한 결과는 타인의 관점을 이해하는 작업을 담당하는 정신화 영역과 밀접한 관련이 있다는 것을 보여 준다. 또한 타인을 이해하는 능력은 태어날 때부터 갖추고 있지만 나이가 들어가면서 더욱 발달한다.

chapter 11

본성인가 양육인가

본성보다 양육?

본성과 양육의 공동 역할

비어 있지 않은 빈 서판

의사 결정과 유전

정신질환 연구

신경전달물질, 신경조절물질, 호르몬

최후통첩 게임

독재자 게임

신뢰 게임과 유전자

유전경제학

유전과 경제

유전경제학과 윤리

다시 본성 vs 양육 논쟁

'본성 vs 양육'(nature vs. nurture) 논쟁은, 개인의 마음과 행동은 타고난 본성 또는 유전자에 의해 결정되는가, 아니면 가정 환경 또는 후천적 학습으로 결정되는가를 둘러싸고 치열하게 전개되었다. 학계에서 이 질문은 오랫동안 끝나지 않은 논쟁의 대상이었다. 물론 어느 한쪽만 일방적으로 영향을 미치지는 않을 것이다.

본성보다 양육?

이 논쟁에서 환경과 학습을 강조하는 진영은 소위 '빈 서판'(blank slate) 가설을 주장한다. 이에 따르면, 사람들은 태어날 때 선천적으로 가지고 있는 지식이나 특성은 없다. 비어 있는 서판으로 태어난다. 사람의 판단과 행동 방식이 태어날 때는 거의 나타나지 않는다. 자라면서 경험하는 양육 환경과 학습을 통해 배우는 지식 등이 한 사람의 특성을 결정한다. 동물들의 행동은 대부분 출생부터 고정된 패턴에 의존한다. 하지만 사람들은 경험과 환경에 따라 개인마다 매우 다른 행동 패턴을 보인다.

종종 신경과학이 본성을 강조하는 주장의 근거가 되기도 하는데, 양육을 주장하는 진영에서는 이에 대해 '신경 가소성' 가설을 근거로 반론을 제시한다. 신경 가소성은 뇌가 신경 연결 패턴을 재조정함으로써 신경 네트워크의 구조적 변화가 일어난다는 개념이다. 동물 실험이 이를 뒷받침한다. 예를 들어, 실험 대상인 쥐들을 두 그

룹으로 나누어 풍족한 환경과 빈곤한 환경에서 사육하면 다른 행동이 나타날 뿐만 아니라 뇌의 신경 구조에도 차이가 나타난다.

학습 경험이 인간의 뇌에 변화를 일으킨다는 사례도 다양하게 존재한다. 대표적인 것이 런던 택시 운전사 사례이다.[1] 런던의 택시 운전사들은 경험을 통해 런던의 복잡한 골목길을 익혀 나가게 된다. 공간 지각과 운전을 담당하는 뇌의 영역이 일반인들보다 더 발달하리라 추측할 수 있다. 실제 한 연구에 따르면, 런던 택시 운전사들의 뇌는 해마의 크기가 일반인보다 더 크다. 더군다나 운전 경력이 많을수록 해마의 크기는 더 크다.

물론 양육의 중요성을 강조하는 학자도 본성을 부정하지는 않는다. 인간 심리와 행동에서 유전의 역할은 상당하며 이는 과학적으로 입증되었다. 다만 본성의 중요성에 주목하는 과학적 관점이 학습의 역할을 지나치게 축소하는 의견에 반론을 제기하는 것이다.

행동유전학에서 유전 가능성(heritability)이라는 개념이 있다. 인간의 특성과 행동 패턴에서 유전자 때문에 나타나는 차이의 비율을 의미하는 개념이다. 환경성(environmentality)은 환경과 학습 등으로 생기는 차이의 비율이다. '본성 vs 양육' 논쟁은 유전 가능성과 환경성의 비중에 대한 논쟁이다. 현대 과학은 분명 개인의 행동에서 유전 가능성의 중요성과 유전의 역할을 입증하고 있다. 그러나 이것이

1 Maguire *et al.*(2000).

양육과 학습의 영향을 무시하는 방향으로 가지 말아야 한다는 견해도 충분히 설득력을 가지고 있다. 많은 경우 인간 행동과 특성에 대한 유전자와 환경의 영향은 서로 독립적이지 않다. 환경도 개인의 유전적 구성에 의한 영향을 받고, 개인은 선천적인 유전적 특성에 기초하여 자신의 환경을 선택할 수 있다.

본성과 양육의 공동 역할

본성과 양육 모두 인간 개인의 특질에 영향을 미친다. 이를 분석하기 위해 행동유전학에서 쌍둥이 연구를 많이 수행한다. 쌍둥이 연구에서 개인의 특질에 영향을 미치는 유전적 요인과 양육/교육과 같은 환경적 요인을 구별하기 위한 시도가 꾸준히 시도되었다. 설문조사를 통해 개인의 이타성 정도를 확인한 연구에 따르면, 이타성의 50%는 유전자, 50%는 환경적 요인에 의한 것이다. 유전적으로 타고나는 것도 중요하지만 양육 방식과 주변 환경도 중요하다.

유전자-문화 공진화 가설은 본성과 양육이 상호작용하는 과정을 잘 나타낸다. 앞서 살펴보았듯이 유전자와 문화의 공진화는 유럽에서 목축과 유당(lactose) 내성이 진화하는 과정에서 잘 나타난다. 또한 인간이 불을 발견한 이후 익힌 음식을 먹게 되면서 약한 턱, 짧은 위장, 큰 뇌가 진화 과정에서 살아남은 것도 유전자-문화 공진화의 대표적 사례이다. 본성과 양육, 유전자와 환경은 상호작용하며 인간 개인과 사회의 변화에 영향을 미친다.

최근 새롭게 성장하는 후성유전학 분야도 비슷한 시사점을 제시한다. 후성유전학은 환경이 유전자 패턴을 변화시켜서 유전자의 발현에 영향을 미친다는 사실을 입증하고 있다. 태어날 때 이미 유전자는 완성되어 운명처럼 개인의 특징을 결정한다는 고전적 관점은 이제 설득력을 많이 잃었다. 유전과 환경은 상호작용하는 관계이다. 본성과 양육은 함께 인간 개인의 특성을 결정한다.

비어 있지 않은 빈 서판

개인의 의사 결정 방식에는 그 사람의 특징이 잘 반영된다. 의사 결정 과정을 담당하는 뇌는 태어날 때부터 개인의 특징을 지니고 있는가? 최근 신경과학에 따르면, 유전적으로 타고나는 것은 신경 네트워크의 대략적인 방향이다. 빈 서판은 비어 있지 않다. 하지만 완성된 그림이 있는 것도 아니다. 구체적으로 나타나는 신경 전달 패턴은 태어나서 경험하는 상황들에 의해 완성된다. 유전자는 개인을 완성하는 중요한 요소이지만 전부는 아니다. 본성이 중요하지만, 양육이 필요한 본성을 지녔다.

신생아의 뇌는 태어난 후 물리적 환경과 사회적 환경을 통해 완성되어 간다. 뇌의 신경 네트워크는 스스로 외부 세계에 반응하여 연결 패턴을 만들어 간다. 신경 네트워크가 변화하는 신경 가소성은 어린 시절에 특히 활발히 작동한다. 외부의 빛이 아기의 망막을 통해 시신경을 자극하면 그에 적합한 시력이 발달한다. 어릴 때 양육자와 주변 환경의 적절한 자극은 뇌 발달에 중요하다.

의사 결정과 유전

우리는 매일 수많은 결정을 내린다. 매일 점심 식사로 무엇을 먹을지 선택한다. 이런 선택은 사소하지만, 개인의 삶에 큰 영향을 미치는 중요한 결정도 해야 한다. 높은 수익을 기대하며 주식에 투자할지 결정하는 것은 큰 부를 얻을 수도 있지만 재정적 파산으로 이어질 수 있다. 결혼, 직장, 출산과 육아 등 인생의 중요한 결정의 순간은 끊임없이 찾아온다.

우리는 사람들이 결정을 내리는 방식이 사람마다 다르다는 것을 잘 알고 있다. 어떤 사람들은 안정적이고 신중한 의사 결정 패턴을 보이고, 또 다른 사람들은 모험적이고 진취적인 의사 결정 패턴을 보인다. 어떤 사람들은 현재를 중시하고, 또 다른 사람들은 미래를 대비한다. 사람들의 의사 결정 패턴은 그 사람의 성격에 잘 표현된다. 성격 특성은 유전성이 높은 것으로 알려져 있다. 한 사람의 유전적 토대를 파악하게 되면 그 사람의 의사 결정 패턴을 어느 정도 예측할 수도 있다. 신경과학자들은 인간의 의사 결정을 조사하기 위해 유전적 접근법을 사용해 왔다.

정신질환 연구

정신질환 연구는 인간의 행동과 의사 결정에 대한 이해를 돕는다. 뇌의 특정 부위가 손상된 정신질환자의 경우 그 환자의 판단 또는 행동에 어떠한 이상이 있는지 확인한다. 이 관계가 확인된다면 우리는 뇌의 손상된 부위와 비정상적 판단 또는 행동 간에는 관련이 있다고 본다. 예를 들어, 충동적인 행동을 하는 환자의 경우 뇌의 특정 영역이 손상된 것으로 확인된다면 그 영역이 자제력을 발휘하는 기능을 담당한다고 추정한다.

위험 선호도는 의사 결정과 관련하여 자주 언급된다. 높은 위험에 따르는 높은 보상을 선호하는지, 위험은 낮은 대신 보상은 낮은 경우를 선호하는지는 실험을 통해 확인할 수 있다. 전자는 위험을 추구하는 모험적 성향이고, 후자는 위험을 기피하는 안정적 성향을 나타낸다. 신경과학 연구에 따르면, 뇌의 복내측 전전두피질이 충동적 의사 결정과 관련이 있는 영역이다. 이 부위가 손상된 환자의 경우 위험은 적지만 보상이 낮은 상황을 선호한다.[2]

이와 관련하여 유전자 분석 연구도 많이 진행되고 있다. 주로 환자와 건강한 일반인의 유전자를 비교하여 의사 결정 성향의 차이를 설명한다. 이와 관련하여 아이오와 도박 과제(Iowa gambling task, IGT)

2 Pujara *et al.*(2015).

가 많이 이용된다.

아이오와 도박 과제는 아이오와 대학 연구자들이 도입한 실험으로 위험 선호도, 충동성, 장기적 시각 등을 측정한다. 실험 참가자는 네 개의 카드 중 하나를 뒤집어서 카드에 적혀 있는 상금 또는 벌금을 확인한다. 2개는 좋은 카드, 나머지 2개는 나쁜 카드로 구성되는데, 좋은 카드는 낮은 상금 또는 낮은 벌금, 나쁜 카드는 높은 상금 또는 높은 벌금이 항상 나온다. 평균적으로 좋은 카드가 이득이 높다. 좋은 카드와 나쁜 카드의 위치는 고정되어 있다. 일반인들은 수십 회 카드를 뽑고 나면 상황을 파악하고 좋은 카드 위치에서 카드를 뽑는 경향이 나타난다. 유전자에서 차이가 있는 실험 참가자들은 이 과제에서의 점수도 차이가 난다. 대표적으로 세로토닌 수송체(serotonin transporter) 유전형 관련 연구에서 아이오와 도박 과제 점수는 유전형 차이에 따라 다르게 나타난다.[3]

신경전달물질, 신경조절물질, 호르몬

신경 시스템은 신경세포 간에 신호가 전달되는 네트워크 구조이다. 정보를 인지하고 판단하고 의사 결정을 하며 행동하는 것을 제어한다. 신경세포 사이에 신호가 전달되는 공간이 시냅스이고, 시

3 Miu *et al.*(2012).

냅스에는 신경전달물질과 신경조절물질이라 불리는 화학물질이 있다. 신경전달물질은 서로 다른 신경세포 사이에 신호가 전달되는 것을 쉽게 만들 수도 있고 어렵게 만들 수도 있다. 신경조절물질은 신경전달물질에 작용해서 그 효과를 낮출 수도 있고 높일 수도 있다. 이 두 가지 물질은 신경 네트워크의 다양한 패턴을 만드는 데 영향을 미친다. 시냅스에서 분비되는 화학물질로 세로토닌(serotonin)과 도파민(dopamine) 등이 존재한다.

호르몬은 중추 및 말초 신경계의 변화를 시작하고 매개하며 의사 결정에 영향을 미친다. 최근 호르몬을 직접 조작하여 특정 행동을 유발하는 생물학적 메커니즘을 파악하기 시작하였다. 호르몬은 신경전달물질 또는 신경조절물질과 분명히 구별되지만, 유사한 측면이 있어서 용어 사용에 혼용되기도 한다.

신경과학 연구에 따르면, 세로토닌과 도파민과 같은 신경전달물질은 이타적 처벌에 중요한 역할을 한다. 사람들은 자신에게 비용이 들더라도 사회적 규범 위반자를 처벌한다. 자신을 희생하면서 처벌하는 것이다. 이러한 이타적 처벌에서 신경전달물질의 역할은 무엇인가? 세로토닌을 생각해 보자. 중추신경계와 소화 기관에 있는 세로토닌이 부족하면 충동 조절이 어렵다. 따라서 세로토닌이 부족하면 충동적 반응이 증가한다. 이 경우 사회적 규범 위반자에 대한 이타적 처벌은 증가한다.

또 다른 신경전달물질인 도파민을 살펴보자. 이타적 처벌 중에 활성화되는 뇌 영역은 배외측 전전두피질, 전대상피질, 전측 섬엽, 꼬리핵으로 알려져 있다. 이 영역들은 세로토닌에 의해서 조절되기도 하지만 도파민에 의해서도 조절된다. 도파민은 보상을 추구하는 역할을 담당하는데, 특히 도파민 뉴런은 예측하지 못한 보상에 반응한다. 예상과 다른 보상이 주어지면, 즉 예측에 오류가 확인되면 '피드백 관련 부정성'(feedback-related negativity) 신호가 발생하고, 이때 도파민은 분비된다. 즉, 절대적 보상에 반응하는 것이 아니라 기댓값 대비 상대적 보상에 반응한다. 이타적 처벌은 자신에게 이득을 주지 않고 비용을 발생시키지만, 오히려 만족감이라는 다른 보상을 주기에 예측 오류와 관련된 도파민이 반응한다.

최후통첩 게임

스웨덴의 쌍둥이 연구[4]에 따르면, 최후통첩 게임에서 응답자의 거절 행위는 유전적 요인의 영향이 40%에 해당한다. 최후통첩 게임 실험에서 나타나는 공정성 선호의 많은 부분은 유전자에 기인한 것이다. 우리는 공정성을 원하는 유전자를 가지고 있다.

최후통첩 게임에서 의사 결정에 영향을 미치는 특정 유전자를 확인하려는 시도가 존재한다. 유력한 후보 유전자로 도파민 D4 수

4 Wallace *et al.*(2007).

용체(dopamine receptor D4, DRD4)가 언급된다.[5] 이 유전자는 최후통첩 게임에서 응답자 행동과 관련이 있다는 사실이 밝혀졌다. 최소 수락 가능 제안의 차이는 분명하게 나타난다. 설문조사 연구에서도 DRD4에 따라 개인의 이타성 정도가 다르다고 나타난다. 그 외에도 DRD4는 충동성, 위험 선호 및 주의력 결핍 과잉 행동 장애(ADHD)와도 연관된다. 또한 도파민 D2 수용체(dopamine receptor D2, DRD2)는 협력 등 사회적으로 긍정적 행동의 다양한 측면과 관련 있다. 이 유전자는 최후통첩 게임에서 제안자의 행동과 연관된다.

DRD4의 공정성 선호 연관은 비교적 명확하였지만, DRD2 효과는 설명하기에 좀 더 복잡한데, 이것은 제안자의 행동이 공정성 선호와 상대방의 거부 여부를 고려한 전략적 동기가 혼합되어 있기 때문이다. 이러한 난점은 상대방의 거부 여부가 무관한 독재자 게임을 통해 해결할 수 있다.

독재자 게임

앞에서 본 최후통첩 게임의 유전적 연관성 연구는 도파민 유전자에 집중하는 반면, 독재자 게임은 사회성 관련 호르몬으로 잘 알려진 옥시토신(oxytocin)과 바소프레신(vasopressin)에 주목한다.

5 Zhong *et al.*(2010).

두 호르몬이 사회성과 관련 있다는 사실은 동물 연구를 통해 먼저 나타났다. 바소프레신과 옥시토신 모두 인간을 포함한 다양한 포유류 종에서 사회적 행동을 촉진한다. 예를 들어, 대초원 들쥐(Microtus ochrogaster)와 초원 들쥐(Microtus pennsylvanicus)의 사회적 행동과 관련한 생물학적 시스템의 차이가 발견되었다. 이 두 종류의 들쥐는 같은 종이지만 짝짓기와 양육에 있어 극명한 차이를 보인다. 수컷 대초원 들쥐는 일부일처제이며 부모를 돌보고 안정적인 사회구조를 이루지만, 초원 들쥐는 일부다처제이며 새끼를 키우는 데 관심이 없다. 두 동물의 바소프레신은 차이가 있고, 또한 수컷 초원 들쥐의 뇌에 바소프레신 관련 유전자를 투여하면 대초원 들쥐와 비슷한 성격으로 변한다.[6]

200명 이상의 대학생을 대상으로 온라인 버전 독재자 게임을 진행한 대규모 연구[7]에서 바소프레신은 제안자의 제안과 연관이 있다는 사실이 밝혀졌다. 3세 쌍둥이를 대상으로 한 연구[8]에서도 유사한 결과가 나왔다. 유아의 경우에는 돈 대신 스티커를 이용하였는데, 특정 유전자형은 관대하게 자금을 배분한다는 사실이 밝혀졌다.

6 Wang *et al.*(1994).
7 Knafo *et al.*(2008).
8 Avinun *et al.*(2011).

신뢰 게임과 유전자

신탁자와 수탁자의 상호작용을 살펴볼 수 있는 신뢰 게임은 유전적 요인 연구에서도 활용된다. 앞서 언급한 스웨덴의 쌍둥이 연구에 따르면, 신뢰 정도는 유전적 요인에 큰 영향을 받는다. 다만 설문조사에 기반한 연구이기에 좀 더 정밀한 연구가 필요하다. 이를 위해 신뢰 게임 실험을 통한 연구가 이루어졌다.

먼저 실험 참가자들의 옥시토신 시스템의 유전적 차이를 확인하고 신뢰 게임을 수행한다. 실험의 결과는 유전자 차이가 신뢰 행동의 차이로 연결된다는 것이다.[9] 한 그룹은 무작위 추첨으로 결정된 금액을 제시받고, 다른 그룹은 실제 다른 개인이 결정한 금액을 제시받는다. 후자의 경우 많은 금액은 신뢰받는다는 의미로 해석된다. 이 경우 상당한 금액을 제안받으면 옥시토신 수치가 더 높게 나타난다. 또한 옥시토신 수치가 높을수록 수탁자가 신탁자에게 보답하는 금액도 높다. 실험 참가자에게 옥시토신을 투여하는 실험에서도 같은 결과가 나타난다. 옥시토신을 투여받은 실험 참가자는 위약을 받은 참가자에 비해 두 배 이상의 신뢰 정도를 나타낸다.

옥시토신 투여 방식의 실험은 최후통첩 게임에서도 유사한 결과를 가져왔다.[10] 옥시토신을 투여받은 실험 참가자는 최후통첩 게임

9 Kosfeld *et al.*(2005).
10 Zak *et al.*(2007).

에서 관대한 결정을 내린다. 다만 독재자 게임 실험에서는 옥시토신의 효과는 나타나지 않는다. 이 연구 결과는 호르몬 신경 조절에 있어 맥락과 구조의 중요성을 보여 준다.

신뢰 게임 실험에서 테스토스테론(testosterone)의 영향도 확인된다.[11] 테스토르테론은 공격성, 위험 선호도, 성욕, 금전 결정 등 다양한 행동과 판단에 영향을 미치는 것으로 알려져 있다. 남성은 신뢰 게임에서 적은 액수의 돈을 받으면 이 호르몬 수치가 상승하는 것으로 나타난다.

지금까지 유전자 분석을 통해 사람들의 의사 결정 패턴을 탐색하는 연구에 대해 살펴보았다. 경제학에서는 유전학 연구를 경제적 의사 결정 분석에 이용하는 흐름이 최근 나타났다. 바로 유전경제학(genoeconomics)이다.

유전경제학

유전경제학은 말 그대로 유전학과 경제학의 융합 분야이다. 유전적 요인이 경제 현상에 어떻게 영향을 미치는지 분석한다. 행동유전학은 인간의 판단과 행동 패턴이 유전자에 의해 결정되는 방식을 분석하는데, 이는 유전경제학의 기본 아이디어로 이어진다. 행동

11 Inoue *et al.*(2023).

유전학은 입양가족이나 쌍둥이 대상 연구를 많이 수행한다. 한 가족에 친자녀와 입양된 자녀가 있으면 환경은 같지만, 유전자가 다르고, 쌍둥이의 경우는 유전자가 같다. 즉, 유전적 요인과 환경적 요인의 영향을 비교 분석할 수 있게 된다. 유전경제학은 이러한 행동 유전학의 방식을 따른 연구를 통해 소득의 유전 가능성을 20~40% 정도로 추정하기도 하였다.

유전경제학은 분자유전학의 데이터 분석 방법을 활용한다. 분자유전학의 발전과 관련해서 1990년에 시작해 2003년에 완료된 인간 게놈 프로젝트(HGP)는 큰 계기로 작용하였다. 이 프로젝트는 인간 게놈의 염기서열을 밝혀냈고, 이후 유전자 분석 기술의 발달로 인해 자연과학뿐만 아니라 사회과학에서도 유전자 데이터를 광범위하게 사용할 수 있게 되었다. 유전경제학의 등장은 이러한 유전자 분석의 기술적 발달에 힘입은 것이다.

유전과 경제

유전경제학은 선호의 유전 가능성에 주목한다. 위험에 대한 선호, 현재와 미래에 대한 태도, 불확실성하에서의 의사 결정 등에 대해 유전적 요인의 영향을 파악하고자 한다. 또한 강한 상호성과 같은 사회적 선호의 유전적 근거도 탐색해 왔다.

교육은 경제적 성취와 관련하여 중요한 요소이다. 따라서 교육과 유전의 관계도 유전경제학의 관심 대상이다. 특히, 특정 유전자 위치가 교육 성취도에 영향을 미치는 것으로 파악되었고, 이와 관련한 연구가 활발히 진행 중이다. 유전적 특성이 교육 성과의 11%를 설명한다는 결과도 나왔다.[12]

기업가 정신은 혁신을 가져와 경제 성과에 긍정적 영향을 미친다. 이러한 기업가 정신과 유전자의 관계도 유전경제학에서 주목받는 연구 대상이다.[13] 기업가 정신은 기업가 활동으로 대신 측정할 수 있는데, 이와 관련하여 초기 단계 기업가 활동(total early-stage entrepreneurial activity, TEA) 지표가 주로 사용된다. 이 지표는 성인 인구 중 창업 기업을 운영하거나 새로운 사업을 시작하려는 비율을 의미한다. 이 지표를 이용해서 기업가 정신과 유전적 요인의 관계를 분석한 연구들이 존재한다. 흔히 도파민과 기업가 정신이 관련 있는 것으로 알려져 있다. 연구 결과에 따르면, DRD4 유전자는 TEA 지표와 밀접한 관련을 보여 준다.

유전경제학과 윤리

유전적 요인이 개인의 행동과 판단을 결정한다는 유전경제학의 아이디어는 한편으로는 윤리적 논쟁을 불러온다. 유전과 행동 사이

12 Lee *et al.*(2018).
13 Krammer and Gören(2021).

의 연관성을 조사하는 연구는 혐오와 차별을 정당화하는 데 악용될 수 있다. 이러한 우려는 이미 현실에 나타났었다. 유전적으로 인류를 개선하자고 주장한 우생학은 나치가 저지른 유대인 대학살의 근거로 작용하였다. 이러한 사례에서 알 수 있듯이 유전경제학에 대한 윤리적 우려에는 충분한 역사적 근거가 있다.

자녀의 유전 정보를 부모에게 제공해도 좋은가? 유전경제학의 정책적 제안 중에 교육과 관련한 것이 있다. 자녀의 유전 정보를 부모에게 제공해서 특수한 교육이 필요한 경우 제도적으로 지원하자는 정책이다. 이 경우 양육과 교육에서 긍정적 효과를 기대할 수 있다. 하지만 윤리적 문제도 얽혀 있다. 태아의 유전 정보를 생각해 보자. 이 정보를 부모에게 제공해도 좋은가? 제공하는 경우 선별적 낙태의 가능성이 존재한다. 이미 착상 전 유전자 진단(preimplantation genetic diagnosis, PGD) 기술이 존재하고, 이 기술에 대한 윤리적 논쟁 또한 존재한다.

다시 본성 vs 양육 논쟁

본성과 양육, 유전자와 학습 논쟁은 유전경제학 연구에서도 중요한 주제이다. 유전자와 환경은 상호작용을 통해 개인의 특성을 결정한다. 유전경제학은 단일 유전자 변이 또는 소수의 유전자 변이를 대상으로 연구를 진행하기 때문에 아직 유전자와 환경의 상호작용을 고려하는 데 한계를 가질 수밖에 없다.

하지만 유전자와 환경의 상호작용이 중요하다는 인식은 이제 학계에서도 널리 퍼져 있다. 최근 관련 학자들은 이러한 유전자와 환경의 상호작용을 고려한 연구를 점점 더 많이 수행하고 있다. 예를 들어, 흡연 행위에 관한 유전경제학 연구에서 유전적 요인과 환경적 요인을 동시에 고려하여 분석한다. 담배 세율과 니코틴 수용체의 상호작용을 분석해서 흡연율을 분석한 연구에서 유전자와 제도 환경이 상호작용한다는 증거가 제시되었다.[14]

이제는 유전과 환경이라는 전통적 이분법은 설득력이 없다. 유전경제학은 유전학의 방법론을 활용하여 유전자가 개인과 사회 수준에서 환경과 어떻게 상호작용하는지 연구한다. 경제적 의사 결정과 경제 현상은 이러한 상호작용으로 결정된다.

14 Cutler and Glaeser(2005).

chapter 12

내 안에 또 다른 나

다중 자아

철학과 다중 자아

심리학과 다중 자아

이중 언어와 이중 자아

경제학과 다중 자아

신경경제학과 시점 간 선택

신경경제학과 시점 간 선호 불일치

사회적 선호와 다중 자아

사회적 선호와 신경경제학

신경경제학과 다중 자아

다중 자아 이론?

인간의 마음은 안정적이고 일관적인가? 신경과학과 유전학 연구에 따르면, 태어날 때 뇌의 신경 네트워크는 개략적인 방향만 제시되어 있고, 태어난 이후 경험을 통해 구체적인 패턴이 결정된다. 내가 어떤 사람인지는 살아가면서 주변 환경에 의해 결정된다. 매 순간 신경세포들의 활동에 따라 나의 정체성은 다르게 결정될 수 있다. 끊임없이 변화하는 과정에서 다양한 정체성이 표출된다. 내 안에 다양한 정체성이 존재한다. 즉, 내 안에 여러 자아가 존재한다.

다중 자아

다중 인격 장애(multiple personality disorder)는 정신질환의 일종으로 한 사람 안에 둘 이상의 인격, 즉 둘 이상의 정체성이 존재하는 것을 말한다. 장애 또는 질환으로 표현하는 것에서 알 수 있듯이 이는 비정상적 상태를 의미한다. 철학 또는 경제학에서 이와 비슷한 개념으로 다중 자아(multiple selves)를 언급한다. 다중 자아는 말 그대로 한 사람 안에 둘 이상의 자아가 있는 것이다.

일상생활에서 다중 자아는 자주 발견된다. 우리가 자주 하는 말 중에 "나는 나 자신이 부끄럽다"라는 말이 있다. 부끄러운 짓을 한 자아가 있고, 이를 부끄러워하는 자아가 있다. 나 자신 내부에는 두 개의 자아가 존재하는 것 아닌가! 또한 부모는 자녀에 대해 잘 아는 것 같지만 실제로는 그렇지 않다. 집에서는 조용한 아이가 밖에서 친구들 사이에서는 유머러스하고 통솔력을 발휘하는 예도 많이 볼 수 있다. 이 아이의 자아는 내성적인 자녀인가, 외향적인 친구인가? 아니면 두 자아가 공존하고 있는가?

앞서 소개한 전망 이론의 이중 시스템 가설을 다중 자아 모델로 이해할 수 있다. 이중 시스템 가설에 따르면, 본능적이고 정서적이며 빠른 결정을 내리는 시스템 1과 이성적으로 숙고하고 느리게 결정을 내리는 시스템 2가 한 개인에게 공존한다. 한 개인에게 두 시스템이 있다는 것을 한 사람이 두 자아를 가진 것으로 생각할 수 있다. 일상적인 의사 결정은 시스템 1 자아가 담당하지만, 특별한 노력과 의지를 통해 시스템 2 자아가 의사 결정의 주도권을 잡을 때도 있다.

탈러와 선스타인의 『넛지』에서 제안하는 정책은 합리적인 전문가가 시장과 사회적 맥락을 설계해서 개인이 충동적인 시스템 1 자아에 휘둘리지 않고 이성적인 시스템 2 자아가 선택의 주도권을 잡도록 하는 것이다. 이 정책의 목표는 두 가지 시스템으로 분열된 다중 자아 개인을 단일한 합리적 개인이 되도록 돕는 것이다. 다중 자아를 다중 인격 장애처럼 교정해야 할 대상으로 보는 셈이다.

철학과 다중 자아

서구 철학은 오랫동안 단일한 자아를 가진 개인을 철학의 근거로 삼았다. 생각하는 나, 행동하는 나, 판단하는 나는 단일한 정체성을 가지고 있다. 사람은 연속성과 안정성을 지닌 존재이다. 시간이 흘러도 한 개인으로서 같은 자아를 가지고 있다고 가정한다. 어릴 때의 나와 성인이 된 나, 장년의 나와 노인이 된 나는 모두 같은 사람이다. 또한 자아는 안정적이어서 때와 장소에 따라 쉽게 변하지 않는다. 이러한 단일 자아 개념은 고대 그리스 철학부터 이어져 온 전통이다.

물론 고대 그리스에서 단일 자아 개념과 다른 시각을 표현한 철학자도 있다. 철학자 헤라클레이토스(Heraclitus, BC 6세기~BC 5세기)는 "같은 강물에 두 번 들어갈 수 없다"는 명제로 유명하다. 흐르는 강물은 끊임없이 변한다. 지금 강물은 흘러가고 뒤따라온 강물이 그 자리를 채운다. 같은 강물이 아니다. 헤라클레이토스는 고정된 안정적 진리를 추구하는 것이 아니라 변화하고 충돌하는 만물을 탐구한다. 강물이 변하듯이 사람도 변한다. 따라서 개인은 고정된 단일 자아가 아니다. 끊임없이 변화하는 여러 실체로 구성되어 있다.

확실하고 단일한 자아 개념을 반대한 철학자로 경험론을 주창한 흄이 자주 언급된다. 흄의 자아 이론은 묶음 이론(bundle theory)이라고 불린다. 흄은 생각하는 나로서의 자아는 존재하지 않으며, 단지 지각의 묶음에 불과하다고 주장한다. 외부 세계를 시각, 청각, 촉각 등으로 인지하고, 이러한 지각의 집합이 자아를 구성한다는 것이다. 따라서 우리는 단일한 존재도 아니고 지각들이 모인 집단과 같은 존재이다. 즉, 내가 보고 듣고 느끼는 것들이 나를 구성한다. 자기 경험을 살펴보면 주어진 순간의 감정과 감각들로 이루어져 있을 뿐이다.

포스트모더니즘은 근대성(modernism)과의 단절을 주장한 예술, 문학, 철학 사조이다. 너무나도 다양한 분야에서 다양한 의미로 나타나기 때문에 하나의 이론으로 설명하기는 어렵다. 여기서는 자아의 해체를 주장하는 이론을 중심으로 살펴본다. 포스트모더니즘은 포스트구조주의의 영향을 강하게 받아 존재의 단일성을 거부한다. 구조주의는 개인과 구조의 대립 구도에서 구조를 중시하며 개인은 구조의 영향을 받는 존재로 설정한다. 포스트구조주의는 개인이 독립적인 주체가 아니고 거시적 구조의 영향을 받는다는 주장을 계승한다. 하지만 고정된 거시적 구조라는 개념은 거부한다. 여기서 구조는 더 이상 중요한 개념도 아니다. 단일한 자아를 가진 개인도 존재하지 않는다. 세상은 상대적이고 단편적이다.

포스트모더니즘을 논할 때는 프랑스 철학자들이 주로 등장한다. 철학자 푸코(M. Foucault, 1926~1984)는 권력이 개인의 의도와는 무관하게 사회 제도의 논리에 따라 작동하며, 개인은 이러한 역학 관계의 산물이며 동시에 주체가 된다고 주장한다. 철학자 들뢰즈(G. Deleuze, 1925~1995)는 차이 개념을 중시하였다. 나와 너라는 개인 간 구분은 안정적인 두 자아를 가정하는 것이다. 그러나 들뢰즈는 안정적인 동일성은 존재하지 않고 그저 차이의 결과라고 주장한다. 하나의 실체는 존재하지 않고 항상 차이를 나타내는, 즉 분화하는 과정만이 존재한다. 철학자 리오타르(J. Lyotard, 1924~1998)는 포스트모더니즘을 메타 내러티브에 대한 불신으로 정의한다. 메타 내러티브는 보편적이고 확실한 진리를 의미한다. 여기서 진리는 항상 역사적이고 사회적인 맥락에 의존하며 논쟁의 대상이 된다. 포스트모더니즘에서 절대적 진리, 절대적 자아는 존재하지 않는다.

심리학과 다중 자아

많은 심리학자가 인간의 행동을 자극에 대한 반응으로 이해한다. 이는 미국 심리학자 스키너(B. F. Skinner, 1904~1990)의 행동주의 이론의 영향으로 파악할 수 있다. 그는 자유 의지를 인정하지 않는다. 어떤 행동의 결과가 좋으면 그 행동은 반복되고, 결과가 나쁘면 그 행동은 피한다는 강화 원리를 주장한다. 즉, 인간 행동은 이전 행동의 결과에 의존한 것이다. 오스트리아 태생 미국 심리학자 미셸(W. Mischel, 1930~2018)은 개인이 상황과 맥락에 따라 다른 행동을 취한다고 주장한다. 다양한 상황에서 개인이 일관된 행동을 유지한다는 전통적인 개념을 반박한다. 자아를 언급하는 이론은 아니지만 한 개인의 다양성을 설명한다.

심리학에서 다중 자아 이론과 관련하여 대표적인 학자로 헝가리 태생 미국 정신의학자 앤절(A. Angyal, 1902~1960)을 들 수 있다. 그에 따르면, 마음은 상호작용하는 하위 요소들로 구성되어 있고, 이 요소들이 순서대로 마음을 통제하거나 충돌하기도 한다. 이러한 하위 자아 이론과 유사한 주장은 다른 학자에게도 발견된다. 스위스 정신의학자 융(C. Jung, 1875~1961)은 마음 내부에 자율적으로 작동하면서 하위 체계에 해당하는 콤플렉스가 존재한다고 설명한다. 자아는 의식적인 마음으로 구성되며, 페르소나는 우리가 다른 사람에게 보여 주는 자아이고 자아의 하위 시스템에 해당한다.

이중 언어와 이중 자아

어렸을 때 외국에서 살았던 경험이 있는 사람은 모국어와 외국어에 모두 능통한 예가 있다. 단순하게 두 언어를 사용할 수 있는 정도가 아니라 두 언어 모두 모국어처럼 사용하는 경우를 말하는 것이다. 이러한 이중 언어 사용자(bilinguals)의 경우 각 언어를 사용할 때 서로 다른 사람인 것처럼 보일 때가 있다. 연구자들은 이중 언어 사용자가 이중 자아를 가진 것은 아닌가 하는 생각에 흥미를 느끼고 이를 연구 주제로 삼았다.

이중 언어와 이중 자아의 관계와 관련해서 개인이 사용하는 언어에 의해 가치와 문화가 정립된다는 주장이 있다. 이러한 주장을 뒷받침하는 설명은 여러 가지가 있다. 예를 들어, 언어를 함께 사용하는 사람들 안에서 통용되는 사회적 규범을 수용하게 된다는 설명이 있다.

이중 자아까지는 아니지만 이중성격을 이중 언어와 연결하는 연구는 꽤 존재한다. 성격 검사를 이용한 연구에 따르면, 영어를 사용하는 미국인이 스페인어를 사용하는 멕시코인보다 외향성, 성실성, 개방성 등에서 높은 점수를 받는다. 이중 언어 사용자들은 어떤 결과가 나올까? 이중 언어 사용자들은 영어로 검사를 받으면 예상대로 외향성과 성실성 등에서 높은 점수를 받는다. 이는 멕시코 문화가 집단주의적이고, 미국 문화가 개인주의적이라는 관념에 잘 부합하는 결과이다. 하지만 개방성 항목은 의외의 결과를 보여 준다. 스페인어 검사보다 영어 검사에서 점수가 낮다.[1]

이중 언어 연구가 적합한 도시 중 하나가 홍콩이다. 중국어와 영어 모두 모국어처럼 사용하는 중국인들이 있다. 이중 언어 사용자를 대상으로 한 면접에서 면접관은 백인과 중국인으로 구성한다. 실험 결과 예상대로 백인 면접관과 대화할 때는 중국인 면접관과 대화할 때보다 더 외향적이고 개방적인 태도를 보인다. 또한 중국인 면접관과 영어로 대화할 때는 중국어로 대화할 때보다 더 외향적이고 개방적인 것으로 평가된다.[2]

경제학과 다중 자아

신고전파 경제학에서 개인의 합리적 선호를 언급할 때 중요한

1 Ramírez-Esparza *et al.*(2006).
2 Chen and Bond(2010).

조건은 일관성이다. 선호 구조는 안정적이고 변하지 않아야 한다. 행동경제학에서도 비합리적이고 편향적인 선호를 제시하지만, 그 비합리적 선호도 일관적이다. 일관적인 방향으로 편향되었다는 것이다. 호모 이코노미쿠스라면 이익과 손실의 절대적 크기를 비교해서 판단한다. 하지만 현실의 인간은 손실 회피 성향을 보인다. 이익에서 얻는 기쁨보다 손실에서 나오는 고통을 더 크게 느낀다. 여기서 손실 회피 성향은 대부분 상황에서 일관되게 나타난다. 오늘은 이익을 크게 느끼고, 내일은 손실을 크게 느끼는 것이 아니다. 항상 손실을 회피하고자 하는 편향이다. 일관성을 가진 개인은 단일 자아를 가진 것이다. 경제학에서는 기본적으로 단일 자아를 가정한다. 하지만 다중 자아는 현실에서 존재하고 이를 반영하려는 경제학 논의도 존재한다.

경제학에서 다중 자아 모델은 개인이 하위 자아들을 가지고 있고 이들이 상호작용하여 어떤 균형을 이룬다고 설명한다. 게임 이론의 분석 방법이 여기서 유용할 것이다. 하위 자아들이 게임에 참가함으로써 일종의 균형이 나타나게 된다. 물론 이 균형은 불안정하다. 현실에서 경제적 주체의 의사 결정이 항상 일관된 것은 아니다.

일관성을 가진 개인은 단일 자아를 가진 개인이다. 하지만 현실에서 개인은 일관적이지 않은 때가 많다. 시간이 흐름에 따라 사람의 마음은 변하기도 한다. 이러한 상황을 다중 자아로 해석할 수 있다. 경제학에서는 시점 간 선택 문제를 다중 자아 문제로 해석하기도 한다. 개인의 선호는 한 시점에서 다른 시점으로 종종 달라진다. 선호가 바뀌는 개인은 선호가 다른 두 명의 개인으로 간주할 수 있다. 오늘의 나와 미래의 나를 서로 다른 자아로 해석할 수 있다. 행동경제학에서 개인을 계획자와 실행자의 공존 상태로 제시하기도 한다.

미래의 건강한 나를 꿈꾸며 오늘의 나는 피트니스 센터 1년 회원권을 결제한다. 하지만 미래의 나는 오늘의 나를 무시하고 귀찮다는 이유로 피트니스 센터에 가지 않는다. 나는 한 사람이지만 내 안에 오늘의 나와 미래의 나라는 두 자아가 공존하고, 서로 갈등하며 충돌한다. 이를 장기적 선호와 단기적 선호 개념으로 설명하기도 한다. 장기적 선호는 나의 건강을 우선시하지만, 단기적 선호는 시간을 내서 운동하기보다 편하게 집에서 휴식을 취하는 것을 원한다.

다른 예를 생각해 보자. 학창 시절 열심히 공부하면 미래의 나는 만족스러운 결과를 얻을 확률이 높다. 그렇다면 편하고 풍족한 삶을 누리는 미래의 나를 위해 현재의 나는 고통스럽고 힘든 공부를 할 수 있는가? 대부분 학생은 불확실한 미래의 만족을 포기하고 확실한 현재의 즐거움을 선택한다. 미래의 나는 의지가 약한 현재의 나를 제어할 수는 없는 것인가?

이렇게 경제학에서는 다중 자아 모델을 도입하여 인간의 의사 결정 과정을 설명하기도 한다. 게임 이론을 이용하여 여러 자아가 상호작용하며 순차적으로 의사 결정을 하는 과정으로 이해하기도 하고, 장기적 관점의 자아와 단기적 관점의 자아 간의 갈등으로 해석하기도 한다.

신경경제학과 시점 간 선택

현재의 나와 미래의 나는 상충(trade-off) 관계이다. 한쪽의 이득은 다른 쪽의 손실이다. 현재의 나와 미래의 나를 서로 다른 자아 간의 관계로 설정해 보자. 현재 자아와 미래 자아는 상호작용해서 최종적인 의사 결정을 한다. 이 둘은 서로 다른 선호와 목표를 가지고 있다. 사실 경제학에서 소비와 저축 결정을 분석할 때 여러 자아가 인생의 각 시점에서 하나의 결정을 내리는 게임으로 설정하기도 한다.

게임 상황을 생각해 보자. 참가자가 게임을 할 때 기본적으로 상대방의 의도를 생각하게 된다. 상대방의 마음을 파악하는 능력이 바로 마음 이론과 정신화이다. 현재 자아와 미래 자아가 서로의 마음을 이해하고자 마음 이론과 정신화 능력을 발휘한다. 마음 이론과 관련된 뇌 영역으로 전측부대상피질, 전전두피질, 상측두고랑, 측두극(temporal poles)이 있고, 정신화를 담당하는 영역은 배내측 전전두피질, 내측 전전두피질, 전설소엽, 측두-두정 접합부 등이 있다. 시점 간 선택에 직면한 개인이 미래의 자신을 이해하거나 공감하려고 할 때 이 뇌 영역들이 활성화할 것이다.

이러한 실험을 생각해 보자. 참가자가 본인의 경험이나 본인이 상상한 시나리오를 생각해서 미래의 자신을 떠올리도록 유도하고 이 과정에서 뇌를 촬영한다. 여러 실험 결과 마음 이론의 측두극과 정신화의 내측 전전두피질의 활성화가 관찰된다.[3] 미래의 자신이 어떠한 생각을 가질지 공감해 보려고 한다는 것이다.

시점 간 선택을 직접 체험할 수 있는 더 정교한 실험을 생각해 보자. 참가자가 즉각적으로 주어지는 보상과 미래에 주어지는 보상을 교환하는 실험이다. 예를 들어, 1주, 1달, 1년, 이런 식으로 미래 시점을 정하고, 각 시점에 제공되는 금전적 보상을 조정해서 실험 참가자가 즉각적인 보상과 미래 보상을 같다고 느끼게 만드는 실험이 있다. 현재 보상과 미래 보상이 어느 수준으로 조정해야 같다고 판단하는지 확인하고 이 과정에서 뇌 영역의 변화를 관찰한다. 실험 결과에 따르면, 정신화를 담당하는 측두-두정 접합부의 활성화 정도는 참가자가 즉각적인 보상과 같다고 판단하는 미래 보상 액수의 크기에 비례하여 감소하였다.[4] 즉, 현재와 미래 간 차이가 없다고 느낄수록 정신화 능력은 쓸모가 없어진다.

---

3 Addis *et al.*(2007), D'Argembeau *et al.*(2008), Sharot *et al.*(2007), Botzung *et al.*(2008), Szpunar *et al.*(2007).

4 Wegener *et al.*(2008).

신경경제학과 시점 간 선호 불일치

작은 보상과 큰 보상이 둘 다 시간상 멀리 있을 때는 당연하게도 큰 보상을 선호한다. 하지만 작은 보상이 가까워지면 작은 보상을 선호하는 현상이 벌어진다. 이것을 시점 간 선호 불일치라고 부른다. 예를 들어, 알코올 중독자는 음주 기회라는 작은 보상이 먼 미래의 일이라면 음주하지 않고 건강을 찾는 큰 보상을 원할 것이다. 그러나 음주 기회가 현재와 가까워지면 음주를 선호하는 선호 역전 현상이 벌어진다.

알코올 중독자의 경우를 생각해 보자. 1년 후 음주 기회가 생긴다. 현재는 음주하지 않는 것을 선호한다. 하지만 1년이 지나서 내일 음주 기회가 생긴다고 하면 음주를 선호할 수 있다. 현재의 자아는 금주를 선호하지만 1년 후 자아는 음주를 선호한다. 현재 자아와 미래 자아 간의 선호 충돌 현상이 나타난다. 현재 자아는 멀리 바라보는 원시안적 특성이 있고 합리적으로 결정하는 반면, 미래 자아는 즉각적인 보상을 원하는 근시안적 특성을 보인다.

뇌를 신경 영역 간의 상호작용으로 파악해 보자. 즉, 하위 자아 간의 게임이다. 시점 간 선호 불일치도 이러한 관점으로 접근할 수 있다. 최근 신경과학 연구에 따르면, 개인의 선호도는 뇌에서 보상에 대해 반응하는 서로 다른 영역이 조정되면서 결정된다. 뇌 영역 간의 상호작용 결과 나타나는 불안정한 균형이 시점 간 선호의 불일치 현상을 가져올 수 있다. 원시안 자아와 근시안 자아가 게임 상황에서 상호작용하고 충돌 끝에 근시안 자아가 승리하면 알코올 중독자는 결국 음주하게 된다. 근시안 자아는 변연계의 활동으로 나타나고, 원시안 자아가 승리하기 위해서는 관련된 뇌 영역인 안와전두피질의 활동이 필요하다. 서로 다른 뇌 영역은 전략적으로 상호작용하여 최종 결과를 가져온다. 따라서 항상 일관된 결론이 나올 것이라고 기대하기는 힘들다.

사회적 선호와 다중 자아

사회적 선호 주제와 관련하여 이기적 선호와 이타적 선호를 다루었는데, 이를 이기적 자아와 이타적 자아의 공존으로 해석할 수 있다. 개인이 자신의 이득을 위한 행동과 사회에서 타인에게 도움을 주려는 행동 사이에 갈등하는 경우가 종종 발생하는데, 이것은 두 자아 간의 충돌인 것이다.

대표적인 사회적 선호는 공정성과 불평등 혐오 성향이다. 사회에서 불평등 현상에 대한 사람들의 불만을 생각해 보자. 사람들은 내가 전혀 모르는 사회 구성원들에게 악영향을 미치는 불평등 현상을 싫어한다. 내가 잘 알고 감정 이입할 수 있는 지인들에 대한 감정이 아니다. 그 범위를 넘어서는 것이다. 사회적 선호의 기반이 공감능력이다. 다른 사람의 입장이 되어서 생각해 보는 것이다. 다른 사람의 입장이 되는 것은 그 사람의 상황을 이해하고 그 상황으로 내가 들어가 보는 것이다.

사회적 선호를 공감의 한 형태로 해석하면 이는 다중 자아로 해석할 여지가 있다. 공감은 타인에 대해서 느끼는 감정이다. 다른 사람의 감정을 상상하는 것은 그 사람의 입장으로 들어가서 자신의 감정과는 다른 감정을 느끼는 것이다. 이는 개인이 여러 감정 체계를 느낄 수 있다는 것이고, 하나의 감정 체계를 하나의 자아로 이해한다면 여러 자아를 가지고 있다는 것이다. 타인의 감정을 느끼는 것은 타인의 자아가 되어 보는 것이다. 불평등 혐오 성향과 같은 사회적 선호는 다중 자아를 필연적으로 전제하게 된다.

사회적 선호와 신경경제학

다중 자아 개념과 관련하여 사회적 선호를 신경경제학 실험에서 확인하는 연구가 꽤 존재한다. 자신의 이득만을 고려하는 호모 이코노미쿠스 자아와 사회적 선호를 지닌 호모 사피엔스 자아가 충돌해서 최종적으로 후자가 승리하면 강한 상호성 성향이 나타날 수 있다. 최후통첩 게임에서 전자는 제안자의 제안을 모두 수용할 것이고, 후자는 불공정한 제안을 거절할 것이다.

최후통첩 게임 실험에서 실험 참가자의 뇌를 관찰하면 이러한 가설이 확인된다. 불공정한 제안을 거부할 때 활성화하는 전대상피질과 불공정한 제안이라도 수용할 때 활성화하는 복내측 전전두피질이 관심의 대상이다. 두 가지 자아를 대표하는 두 영역 중 전대상피질이 눈에 띄게 활성화될 때 최후통첩 게임에서 불공정한 제안을 거부한다. 실제 실험 결과는 이러한 가설을 뒷받침한다.[5]

신뢰 게임 실험도 흥미로운 결과를 보여 준다. 신탁자가 호모 이코노미쿠스라면 수탁자를 신뢰할 수 없기에 한 푼도 보내지 않는다. 하지만 실제 실험에서 신탁자는 상당한 액수를 수탁자에게 보낸다. 수탁자가 호모 이코노미쿠스라면 마찬가지로 신탁자에게 한 푼도 돌려보내지 않는다. 실제 실험은 신탁자와 마찬가지로 수탁자도 상대방의 호의에 호의로 답하는 결과를 보여 준다. 상대방의 신뢰에 대한 반응과 관련하여 가장 활발한 뇌 영역은 꼬리핵이다.[6]

신경경제학과 다중 자아

신경과학의 본질은 뇌의 기능과 신경 네트워크를 분석하는 것이다. 신경 네트워크 개념은 기본적으로 단일 자아를 전제하지 않는다. 신경 네트워크는 다양한 신경 구조들을 포함한다. 각각의 신경 구조들은 독립적으로 작동하기에 뇌의 특정 부위가 전체를 제어하는 그림은 생각하지 않는다. 반면 신경경제학은 단일 자아 개념에

5 Sanfey *et al.*(2003).
6 King-Casas *et al.*(2005).

가깝다. 신경경제학의 기본 생각은 행동경제학에 기인하는데, 행동경제학은 비록 합리적이지 않고 편향된 자아를 생각하지만, 자아는 일관성을 가지고 있다. 따라서 행동경제학에서 파생된 신경경제학은 뇌의 여러 영역이 하나의 단일한 개인의 행동을 생성한다는 가정에서 출발한다. 물론 행동경제학의 전망 이론에서 이중 시스템 가설을 제시하기 때문에 이중 자아로 해석할 여지는 여전히 남는다.

신경경제학이 기본적으로 단일 자아를 전제하더라도 신경과학의 분석 방법을 사용하는 한 뇌의 여러 신경 구조가 독립적인 작용을 한다는 사실에서 벗어날 수 없다. 기본적으로 신경과학은 개인을 여러 신경 구조가 게임을 통해 상호작용하여 최종 판단과 행동을 결정하는 구도로 이해한다. 즉, 개인 내부에 여러 신경 자아가 존재하는 것이다. 한 신경 자아는 자신의 이득도 고려하지만, 다른 신경 자아와의 협력도 고려해서 개인 전체적인 생존에도 이바지해야 한다. 다수준 선별 이론이 여기서 적용된다. 진화 과정에서 한 개인 내부에 공존하는 신경 자아는 다른 신경 자아와 협력하여 공생하는 것이 자신의 생존에도 이득이 된다. 이타적 개인이 많은 집단이 진화 과정에서 살아남는 것과 같은 이치이다.

다중 자아 이론?

일반적으로 다중 자아를 설명하는 경우 한 사람이 어떻게 여러 자아를 가지면서도 여전히 하나의 개인일 수 있는지 설명하기 힘들다. 다중 자아를 가진 개인을 하나로 묶어 주는 것이 무엇인지 설명하는 것은 이론적 난제이다. 호모 이코노미쿠스는 개인이 단일 자아를 가지고 있다는 설명을 유지하거나 아니면 여러 자아가 있다는 증거에도 불구하고 개인이 단일 자아로서 정체성을 유지한다는 주장을 해야 한다. 전자는 이론적으로만 가능한 비현실적 설명이고, 후자는 현실적이지만 이론적으로 설명하기가 매우 까다롭다.

다중 자아는 비정상인가? 진화론에 따르면 생태계는 다양한 종류의 생물이 필요하다. 한 종의 생물만 있는 생태계는 존재할 수 없다. 다중 자아도 진화의 산물이다. 내 안에 다양한 자아가 존재하면 나의 생존에 도움이 된다. 다양한 상황에 적응하기 위해 다양한 마음도 존재하는 것이 유리하다. 다양한 문화에 적응하려면 다양한 자아를 갖추는 것이 좋을 것이다.

chapter 13

개인과 집단

다중 자아의 의사 결정
주인-대리인 문제
의식과 무의식
개인과 집단의 생물학적 경계
집단의 영향
타인을 의식하는 뇌
거울 뉴런
경제학에서 개인과 집단
기업지배구조
기업과 진화

개인과 집단의 관계는 복잡하다. 개인은 집단의 영향을 받고 집단 속에서 하나의 주체로서 활동한다. 개인의 결정이 집단의 모습을 만든다. 방법론적 개인주의는 개인이 행동의 주체이고 개인이 집단에 미치는 영향을 강조한다. 방법론적 전체주의는 사회 구조가 중요하고 집단이 개인에게 미치는 영향에 주목한다. 물론 많은 경우 개인과 집단은 상호작용한다.

그런데 개인과 집단의 경계는 명확하지 않다. 개인은 집단이 되기도 한다. 개인 안에 다중 자아가 존재한다면 개인 자체도 하나의 집단이다. 내 안에 자아가 둘 이상 있다면 나의 판단과 행동은 어떤 자아가 결정하는 것일까? 한 다중 자아 이론에 따르면, 여러 자아 중에 주도권을 지닌 자아가 존재한다. 주도권을 지닌 자아를 메타 자아라는 용어로 개념화하기도 한다. 맥락과 환경에 따라 주도적인 자아는 달라질 수도 있다. 개인이라는 집단은 꽤 복잡하게 의사 결정을 한다.

다중 자아의 의사 결정

인간의 정신이 단일한 실체가 아니라는 점을 인정한다면, 다중 자아 모델은 유용한 개념이다. 내 안에 다양한 자아가 있다면 나의 판단과 행동은 어떻게 결정되는가? 다양한 자아가 투표를 통해 결정하는 것일까? 개인이라는 집단 내에서 하위 자아들이 각각 개인의 역할을 한다면 하위 자아들이 합쳐진 개인은 어떠한 모습인가?

판단하고 의사 결정하고 행동하는 시점에 하나의 자아가 마음을 통제한다. 여러 자아 가운데 하나의 자아가 실행 권한을 갖게 되면 나머지 다른 자아는 잠시 정지된 상태라고 볼 수 있다. 대표적인 예가 다중 인격이다. 한 인격이 주도권을 잡으면 다른 인격들은 잠시 사라진다. 사라진 인격들은 그 시간에 벌어진 일은 기억하지 못한다. 마찬가지로 여러 자아 중에서 주도권을 좀 더 자주 잡는 자아도 있을 수 있고, 거의 주도권을 잡지 못하는 자아도 있을 것이다.

다중 자아의 경우 자아 간의 관계는 위계적일 수도 있고, 비교적 평등한 네트워크로 구성될 수도 있다. 또 자아 간 연합들이 생겨서 개인이라는 집단에 하위 집단들이 생길 수도 있다. 평등한 구조의 소규모 집단은 문제에 직면할 때 더 효율적인 해결책을 제시할 수 있지만 의사 결정에 도달하는 시간이 길다. 이러한 원리는 하위 자아들로 구성된 개인에게 적용할 수 있다.

주인-대리인 문제

주인과 대리인 문제는 사회과학에서 자주 나오는 주제이다. 주인은 하고 싶은 일이 있다. 하지만 본인이 직접 할 수 없는 사정이 있다면 대리인에게 시켜야 한다. 대리인은 주인이 원하는 방식대로 원하는 목적을 달성해야 한다. 하지만 대리인은 자신의 이득을 고려해서 자신이 편한 방식대로 일을 할 것이다. 주인은 어떻게 대리인에게 일을 시켜야 주인이 원하는 결과를 얻을 수 있을 것인가? 정치 영역을 생각해 보자. 국민이 원하는 대로 법은 제정되고 정부는 운영되어야 한다. 하지만 현대 사회에서 국민이 직접 하기는 어렵다. 대리인을 선출해서 일을 하게 만든다. 대리인인 국회의원과 대통령은 주인인 국민이 원하는 대로 일을 할 것인가?

다중 자아를 주인-대리인 문제로 볼 수 있다. 개인의 내부에 어느 정도의 독립성을 가지고 있지만 완전히 자율적이지는 않은 하위 자아들이 있다고 생각해 보자. 주인 역할을 하는 진정한 자아가 있다면, 대리인인 다른 하위 자아들이 목적을 달성하도록 해야 한다. 하위 자아들이 서로 협력하여 주인인 개인의 성공에 이바지할 때 다 함께 이득을 얻을 것이다. 하위 자아 개인의 이득보다 협력할 때 이득이 크다면 조화롭게 협력할 것이다.

주인-대리인 관점으로 다중 자아 문제를 해석하는 것에는 여러 가지 어려움이 따른다. 특히, 주인을 정해야 한다는 문제가 있다. 여러 자아가 개인 내부에 공존한다면 어느 자아가 주인인가? 시점 간 선택의 문제에서 주인은 현재 자아인가, 아니면 미래 자아인가? 일단 여러 자아 중 주인의 역할을 하는 자아가 있다고 가정해 보자. 주인 자아와 대리인 자아의 관계는 의식과 무의식의 관계로 볼 수 있지 않을까?

의식과 무의식

사람은 의식적으로 의사 결정을 한다. 나의 의지와 생각으로 내가 원하는 것을 얻기 위해 의사 결정을 한다. 이것이 개인의 의사 결정에 대한 전통적인 관념이다. 그러나 오스트리아 정신분석학자 프로이트(S. Freud, 1853~1939)가 이드(id), 자아(ego), 초자아(super-ego) 개념으로 이루어진 정신 구조 모델을 제시한 뒤로 학계에서 무의식은 중요한 주제가 되었다. 프로이트에 따르면, 인간의 정신은 세 부분으로 구성된다. 이드는 쾌락 원리에 따라 작동하는 무의식 영역인데, 충동과 욕구, 쾌락과 만족을 추구한다. 초자아는 정신 영역에서 도덕적 요소를 담당한다. 합리적 자아는 이드의 본능과 초자아의 도덕 관념 사이의 균형을 찾고자 한다.

신경과학 연구에서도 밝혀졌듯이, 뇌 활동에서 의식이 차지하는 비중은 그다지 크지 않다. 일상생활의 대부분은 무의식적으로 신경세포의 자율적 활동으로 이루어진다. 앉고, 일어나고, 걷고, 뛰고, 요리하고, 먹고 등 많은 행동이 의식적 판단을 동반하지 않는다. 많은 경우 느린 의식보다 빠른 무의식이 더 효율적이다. 걸을 때 왼발을 옮긴 다음 오른발을 어떻게 움직일지 생각하지 않는다. 그저 걸을 뿐이다. 개인은 본인의 뜻대로 의식적으로 결정하고 행동한다고 생각하지만 대부분 무의식에 따를 뿐이다. 물론 의식이 필요할 때가 있다. 숙고해서 결정해야 하는 일도 많이 있다. 마음속에 갈등이 있다면 고민도 해야 한다.

의식과 무의식은 단순한 비유에 그치지 않는다. 뇌의 신경 네트워크는 장까지 확장된다. 신경전달물질을 통해 장내 미생물은 뇌의 신경 시스템과 의사소통한다. 장내 미생물은 무의식이라고 할 수 있다. 최근 연구 결과에 따르면, 의식으로 통제할 수는 없으나 장내 미생물은 개인의 심리와 정신에 영향을 주고받는다.

개인과 집단의 생물학적 경계

철학과 심리학 등에서 개인은 여러 자아 또는 의식과 무의식으로 구성된 집단으로 볼 수 있다. 그렇다면 생물학에서 개인은 어떻게 정의되는가? 동식물은 미생물과 공생하면서 상호작용한다. 공생체(symbionts)의 경우 개인의 경계는 어디에 있는가? 내 몸에 있는 미생물은 나의 일부인가, 나와 독립된 개별 생물체인가? 진화 과정에서 선별 단위는 공생체인가? 나와 미생물은 서로가 있어야 한다. 미생물 없이 신진대사가 힘들다면 미생물도 개인을 구성하는 일부 아닌가?

식물 중에는 공생체 개념을 적용할 대상이 상당히 많다. 곰팡이와 버섯이 대표적이다. 동물학자들은 오랫동안 유기체를 개인으로 보았다. 따라서 동물이 여러 종의 합성체인 것을 발견한 이후 전통적인 개인 개념은 변화할 수밖에 없다. 공생이 예외적인 경우가 아니라 보편적으로 나타나는 것이라면 개인과 집단의 경계는 모호하다. 여러 종이 협력하여 함께 생존하는 것이 진화의 일반적 법칙이라면 진화의 단위를 정하기는 까다롭다. 진화 이론에서 개인 선별의 의미는 무엇인가?

박테리아는 동물에게 중요한 파트너이다. 박테리아는 음식을 소화하는 데 도움을 줄 뿐만 아니라 면역 시스템을 형성하는 데 필수적이다. 개별 동물은 수많은 박테리아 또는 미생물과 신체를 공유한다. 심지어 어떤 해면동물은 질량의 40%가 숙주의 신진대사를 돕는 박테리아라고 한다. 개별 인간의 장은 150종의 박테리아와 공생한다. 유기체는 개인이라는 전체를 위해 협력하는 부분들로 구성되어 있다. 신체 기관들의 분업과 협업으로 유기체가 유지된다. 이러한 생리학적 분업은 서로 다른 종에 의해 완성된다. 미생물 공생체는 단순히 자연 선별 과정에서 숙주의 생존을 돕는 것에 그치지 않는다. 초파리 연구에 따르면, 공생체는 짝짓기에 필수적인 페로몬 신호를 제공하기도 한다.

이러한 공생 관계에 관한 과학적 발견은 다수준 선별의 현실성을 뒷받침한다. 인간의 신체는 서로 다른 종의 공생 관계에서 진화된 것이다. 면역 시스템은 신체 내부의 암세포와 같은 무임승차자를 억제한다. 이런 방식으로 하나의 집단으로서의 공생체가 자연 선별의 단위가 된다. 미생물에 의존하는 생명 유형은 진화 결과에서 많이 나타난다. 진화 과정에서 종을 특징짓는 것 중 하나는 환경과의 관계이다. 미생물이 유기체의 발달에 미치는 영향을 환경과 유전 정보가 상호작용하는 경우로 볼 수 있다.

집단의 영향

개인은 내부에 여러 자아가 있기도 하고, 의식과 무의식이 있기도 하다. 개인은 그 자체로 집단과 같다. 그러한 개인이 모여서 상위 집단을 이룬다. 이렇게 개인으로 구성된 집단은 다시 개인에게 영향을 미친다.

예방 접종의 예를 생각해 보자. 예방 접종은 필수 예방 접종이 있고 선택 예방 접종이 있다. 법과 제도에 의해 강제하는 필수 예방 접종도 있지만, 독감 예방 접종과 같이 원하는 사람만 받는 선택 예방 접종이 있다. 사회의 대다수 구성원이 특정 질병에 대해 예방 접종을 받고, 이 사실이 많이 알려지면 더 많은 사람이 그 예방 접종을 받고자 할 것이다. 주변 사람들의 행동은 나에게 영향을 미친다. 또래의 영향을 많이 받는 청소년의 경우 이러한 효과는 더욱 눈에 띈다. 또래가 과일을 충분히 섭취한다는 정보를 받은 청소년은 다음 날 과일을 더 많이 섭취한다.

집단에 속해 있다는 사실만으로도 개인의 판단과 인식에는 큰 영향을 미친다. 진화 과정에 관한 시뮬레이션 연구에 따르면, 인간은 같은 집단 내의 구성원들에게 호의적으로 대하고 집단 외부 구성원들에게 적대적으로 대하며, 이러한 성향이 강하게 나타나는 집단이 살아남는다. 여러 실험에 따르면, 특별한 기준이 없이 실험 참가자들을 임의로 여러 집단으로 나누게 되면 별 이유 없이 다른 집단에 대해 적대감을 나타내고, 집단 간 경쟁이 격렬하게 벌어진다.

개인에게 미치는 집단의 영향은 문화에 따라 다르다. 개인에게 자연스러워 보이는 공정성에 대한 인식도 문화에 따라 다르다. 서구 문화에서는 개인의 기여도에 따라 자원을 배분하고 이를 공정하다고 여긴다. 반면 일부 아프리카 문화권에서는 평등하게 분배하는 것을 당연하게 여긴다.

사회적 선호의 주요 요소인 이타적 처벌의 경우 집단을 기준으로 내부인보다 외부인에게 더 강하게 실행하는 경향이 있다. 이와 관련한 신경과학 연구 결과는 흥미롭다. 외부 구성원을 처벌하는 경우 뇌의 우측 안와전두피질과 우측 꼬리핵과 같은, 의사 결정 관련 영역이 활성화되는 반면, 내부 구성원을 처벌하는 경우 정신화 관련 뇌 영역이 활성화된다. 즉, 내부 구성원을 처벌하는 경우에는 그 사람의 행동을 이해하고자 하는 노력이 결부되어 있다. 정신화 영역이 강하게 활성화되면 처벌하는 결정과 관련한 뇌 영역의 활동은 줄어드는데, 타인에 대한 공감이 처벌을 억제한다는 것을 보여 준다.[1]

---

1 Saarinen *et al.*(2021).

타인을 의식하는 뇌

뇌 속의 신경 네트워크는 신경세포 간의 상호작용을 통해 다양한 패턴을 나타낸다. 마찬가지로 개인의 뇌도 타인의 뇌와 상호작용을 한다. 가족, 마을, 학교, 직장, 동호회 등 다양한 집단 속에서 타인과 상호작용을 한다. 이에 따라 다양한 관계가 형성된다. 친한 사이도 있고 서먹한 사이도 있다. 뇌의 신경 시스템도 마찬가지이다. 신경세포 간에 밀접한 관계도 있고 연결이 약한 관계도 있다.

타인과의 상호작용은 의식적으로 이루어지기도 하지만 무의식적으로 이루어지기도 한다. 세포 수준에서 타인과 상호작용이 이루어지는 과학적 증거는 많이 존재한다. 호감을 느끼는 두 사람이 함께 있을 때 심장 박동은 일치하고 호흡은 동기화된다. 한 아이가 울면 다른 아이도 따라 우는 감정 전염 현상도 쉽게 관찰된다.

타인과의 상호작용에서 타인의 행동과 판단을 예측하는 것은 중요하다. 타인을 예측하기 위해서는 타인의 감정을 내가 느끼는 것이 유리하다. 공감 능력이 중요한 이유이다. 신경과학에서는 타인을 관찰하거나 상상하는 것만으로도 타인이 느끼는 감정이 활성화되는 공감 현상이 자주 보고된다. 이러한 공감에 관한 신경과학 연구는 1990년대 후반 거울 뉴런(mirror neurons)이 발견된 이래 활발히 진행되었다.

거울 뉴런

거울 뉴런은 다른 개체의 행동을 관찰할 때 그 행동을 담당하는 뇌 영역이 활성화되는 현상에서 발견된다. 예를 들어, 타인이 뺨을 맞는 모습을 보면 내 뺨이 아프다. 실제로 나의 뇌에서 통증을 담당하는 영역이 활성화되기 때문이다.

실험 참가자에게 감정을 자극하는 사진을 보여 주고 뇌를 관찰하면 감정과 연관된 뇌의 피질하 영역(subcortical region)이 활성화된다. 혐오스러운 사진을 보거나 혐오스러운 냄새를 맡으면 혐오와 관련된 전방섬엽(anterior insula cortex)이 활성화된다. 실험 참가자 본인이 접촉되는 경우와 타인이 접촉되는 장면을 보는 경우 모두 이차체감각피질(secondary somatosensory cortex)이 활성화된다. 즉, 타인의 행동과 감정을 관찰자 본인의 행동과 감정으로 바꾸어 주는 신경 시스템이 있고, 이 시스템을 통해 타인에 대한 공감이 촉진된다.[2]

실험 참가자에게 약간의 고통을 가하는 경우와 옆에 있는 배우자에게 고통을 주는 경우를 비교하는 실험이 있다. 두 경우 모두 고통 매트릭스라고 불리는 양쪽 앞섬엽(bilateral anterior insula), 내측 전방대상피질(medial anterior cingulate cortex), 뇌간(brainstem), 소뇌(cerebellum)가 활성화된다. 배우자가 아닌 낯선 사람의 고통을 관찰

2 Schaefer *et al.*(2020).

하는 때도 마찬가지 결과가 확인된다.[3]

거울 뉴런은 개인의 신체적·정서적 경험과 집단 또는 외부 세계를 연결한다. 실험 참가자가 집단 활동에서 제외되는 경험을 하면 뇌에서 통증을 담당하는 영역이 활성화된다. 사회적 배제는 실제 통증을 일으킨다. 타인이 따돌림을 당하는 것을 관찰한 후 그 피해자에게 이메일을 보내는 실험이 있다. 따돌림을 목격하는 경우 뇌에서 내측 전전두피질 등 정신화 영역과 전방섬엽(anterior insula) 등 사회적 고통과 연관된 영역이 활성화된다. 또한 이메일 내용을 조사하여 사회적 선호의 정도를 측정하면 전방섬엽과 내측 전전두피질의 활성화 정도와 밀접한 관계가 확인된다. 거울 뉴런 현상은 개인의 내적 감정뿐만 아니라 집단 속에 존재하는 개인들의 네트워크로 확장된다.[4]

거울 뉴런 연구는 계속 확장하고 있다. 초기 연구에서는 주로 원숭이를 대상으로 실험하였다. 최근에는 영장류와 조류 전반적으로 거울 뉴런이 발견되고 있다. 또한 대부분 고통과 슬픔, 혐오 등 부정적인 감정과 관련하여 거울 뉴런이 발견되었다. 기쁨 등 긍정적 감정에서도 거울 뉴런은 확인된다. 부정적인 감정의 경우 거울 뉴런이 활동하는 정도는 더 강하게 나타난다.

개인은 집단을 따라 한다. 군집행동은 개인들이 스스로 독립적

3 Jackson *et al.*(2005).
4 Eisenberger(2012).

으로 결정하기보다 다른 사람을 따라서 결정하고 집단행동을 모방하는 행동이다. 케인스(J. M. Keynes)는 불확실성하에서 개인이 군중을 모방하고 따라 하는 동기에 주목하였다. 군집행동은 불확실성과 자신의 무지에 대한 개인의 정상적 반응이다. 다른 사람들이 더 많은 정보를 가지고 있으리라 생각하고 그들을 따라가는 것이다. 이러한 행동은 특히 금융시장에서 투기 현상을 불러일으키기도 한다.

진화 이론은 군집행동과 같은 본능이 어떻게 진화하는지 설명한다. 동물은 다른 개체의 행동을 관찰해서 자원과 짝짓기 가능성에 대한 사회적 정보를 얻는다. 인간의 군집행동도 진화적으로 이득이 있는데, 정보를 획득할 뿐 아니라 직접적으로 생존에 영향을 미친다. 제한된 정보와 불확실성 속에서 완벽한 판단을 하기 어렵기에 타인들을 따라 하는 것은 자신의 생존 가능성을 높이는 것이다.

경제학에서 개인과 집단

신고전파 경제학에서 의사 결정의 주체는 개인이다. 방법론적 개인주의를 채택한다. 그러나 실제로 경제 분석에서 의사 결정의 주체는 집단인 경우가 많다. 경제학 교과서에서 경제 주체를 흔히 개인, 기업, 정부로 설정한다. 소비의 주체는 개인이지만 데이터를 분석할 때 종종 가구의 소득과 소비를 하나의 단위로 삼는다. 생산의 주체는 생산자 개인이지만 생산을 설명할 때는 보통 기업이 하나의 단위가 된다. 시장에서 소비자와 생산자가 만나서 교환과 거래를 할 때 각각 가구와 기업이 등장한다. 또한 시장 외부에 있는 경제 주체로 정부를 언급한다. 가구, 기업, 정부, 모두 개인이 아닌 집단이다.

경제를 움직이는 주체는 가구, 기업, 정부이다. 이 세 주체는 모두 집단이지만, 경제 분석에서는 모두 개인으로 가정하고 의사 결정 방식을 분석한다. 가구도 하나의 개인, 기업도 하나의 개인, 정부도 하나의 개인이 되어 의사 결정을 한다. 내부에 갈등과 충돌은 없다. 그렇다면 방법론적 개인주의를 주장하는 신고전파 경제학은 사실 방법론적 전체주의에 기반한 것이다.

가구는 부모와 자녀로 구성된다. 이 구성원들 간의 역학 관계는 무시하고 한 개인처럼 취급하여 가구의 소비를 분석한다. 아직 경제학에서 이에 대한 분석은 많지 않다. 정부도 다양한 구성원으로 이루어진다. 경제학에서는 정부의 경제 정책에 대해 분석한다. 전통적인 해석은 정부가 하나의 개인처럼 결정한다는 것이다. 이에 대해 좀 더 정교한 분석을 제공한 것이 공공선택 이론이다. 정부는 관료들로 구성되어 있고, 각 관료는 자신의 개인적인 이익을 추구한다. 정부의 관료들은 모두 호모 이코노미쿠스이다. 여기서는 정부의 의사 결정을 분석할 때 합리적 개인 모델이 다시 등장하는 것이다. 그렇다면 기업은?

기업지배구조

신고전파 경제학에서 기업은 비용과 기술 수준이 주어진 상태에서 최적의 생산량 또는 가격을 결정하는 기계에 불과하였다. 그러나 이런 식으로 기업을 단순하게 보는 관점은 비판받을 수밖에 없다. 이제는 경제학에서도 기업 내부의 복잡한 의사 결정 과정, 즉 기업지배구조를 분석하는 것이 표준이 되었다. 기업지배구조 이론을 살펴보자. 기업이라는 집단을 이해하는 것이 개인이라는 집단을 이해하는 데 도움이 될 것이다.

기업지배구조 이론은 두 문헌에서 시작한다. 미국 법학자 벌(A. Berle, 1895~1971)과 미국 경제학자 민즈(G. Means, 1896~1988)는 1932년 출판한 『현대 주식회사와 사적 재산권』(*The Modern Corporation and Private Property*)에서 당시 미국 대기업의 주주는 대부분 소액 주주이고 경영에 영향을 미치기 힘든 구조라는 점을 지적하였다. 이렇게 소유와 경영이 분리되면 경영자가 자기 이익을 위해 주주를 희생시킬 수 있다고 주장하였다. 영국 경제학자 코즈(R. Coase, 1910~2013)는 1937년 논문 「기업의 본성」(The Nature of the Firm)에서 기업의 존재 이유를 제시하였다. 그 이유는, 시장에서 거래를 하기 위해서는 거래 당사자들이 정보를 수집하고 흥정하는 비용이 들지만, 기업 조직 내부에 있으면 이러한 비용이 절약되기 때문이다.

기업지배구조에 대한 시각은 주주 접근법과 이해관계자 접근법이라는 두 가지 대조적인 패러다임으로 나눌 수 있다. 주주 접근법은 기업의 법적 주인인 주주가 기업 활동을 통해 주주 자신의 이익을 극대화한다는 관점이고, 이해관계자 접근법은 회사를 다양한 이해관계자가 상호작용하는 장으로 간주한다.

주주 접근법에 따르면, 기업은 주주의 부를 극대화하기 위해 운영되어야 하며 주주가 의사 결정권을 가져야 한다. 경영자는 주주를 위해 봉사해야 한다. 주주 접근법의 경제적 근거는 두 가지이다. 첫째, 주주는 잔여 청구권자이다. 기업이 이익이 생기면 대출을 갚고 사원에게 월급을 지불한 다음 남은 이익을 배당금 형태로 가져가게 된다. 이익을 많이 남길수록 이득이다. 따라서 주주는 기업의 이익을 최대화할 동기가 있다. 둘째, 주주는 위험을 부담한다. 기업이 파산하면 은행, 채권단, 공급업체 등은 기업 자산에 대해 청구권을 갖는다. 청산이 이루어진 후 남은 자산이 있을 때 주주의 몫이 생기는 것이다. 따라서 주주는 위험에서 보호되어야 할 대상이다.

주주는 이사회를 통해 경영자를 통제한다. 주주의 이익을 위해 경영을 하도록 만든다. 하지만 현실에서는 소유와 경영이 분리되어 있기에 주주는 그저 주가의 차익만 추구할 뿐이다. 주주 접근법에 따른 기업지배구조 논의에서는 경영자가 주주의 이익에 복무하도록 의사 결정 구조를 만드는 방법을 논의한다.

이해관계자 접근법은 주주 접근법과 유사한 방식으로 논리를 전개한다. 주주를 이해관계자로 대체하는 방식이다. 이해관계자는 다양하게 정의되는데, 주주뿐만 아니라 경영자, 이사, 사원, 고객, 공급업체, 정부, 지역 사회와 환경 등을 포함한다. 이들은 모두 기업의 성과에 따라 이익과 손실이 정해진다. 따라서 이들은 기업의 의사 결정에 참여할 수 있어야 하고, 이들의 이익을 위해 기업의 경영이 이루어져야 한다. 이 접근법은 다양한 이해관계자의 복잡한 의사결정 구조에 대해 논의한다.

기업은 주주의 이익을 우선해야 하는가, 다양한 이해관계자를 고려해야 하는가? 기업지배구조 이론은 서로 다른 두 가지 관점에서 기업의 의사 결정 구조를 분석한다. 기업지배구조의 논의를 개인에게 적용할 수 있을까? 그렇다면 개인지배구조 이론을 생각해 볼 수 있다.

기업과 진화

기업도 진화한다. 일반적으로는 시장 생태계에서 기업은 선별의 단위로 간주한다. 그러나 기업지배구조 분석에 따르면 기업은 개별 기업가와 같지 않다. 다수준 선별(multilevel selection)의 결과로 기업을 바라본다면 기업 내의 개인과 구조의 상호작용은 중요한 요소이다. 시장에서 기업 간 경쟁은 자원을 효율적으로 사용하여 유용한 가치를 창출하는 능력을 기반으로 이루어진다. 기업 내에서는 기업의 가치 창출을 위해 구성원들이 협력하기도 하지만, 창출한 가치의 배분을 대상으로 한 개인 간 경쟁 또는 부서 간 경쟁이 나타난다.

진화경제학에서는 기업이 시장에서 자연 선별된다고 설명한다. 환경에 적합한 기업이 생존하는 것이다. 한편, 기업의 진화를 다룰 때 성 선별(sexual selection) 가설을 적용하는 경우가 있다. 성 선별의 특징 중 하나는 생존의 관점에서 볼 때 낭비적인 형질이 나타난다는 것이다. 어떤 특성이 생존에는 불리하지만, 그러한 특성을 선호하는 짝짓기 대상이 있다면 번식에는 유리할 수 있다. 번식을 통해 그러한 특성이 확산하고 그 특성을 선호하는 상대방도 증가한다면 양(+)의 피드백 현상이 나타난다. 결국 생존에는 불리한, 낭비적인 특성이 살아남게 된다.

낭비적 특성이 살아남는 성 선별이 기업 생태계에 적용된다면 기업은 이윤을 극대화하기 위해 생산한다는 경제학 교과서의 명제는 설득력이 떨어진다. 이러한 경우는 독과점 상품 시장에서 나타날 수 있지만, 특히 기업과 인력이 만나는 노동 시장에서 두드러진다. 구직자는 자신과 비슷한 유형의 사람들이 있는 기업에 지원하고, 기업의 채용 담당자는 자신과 비슷한 유형의 지원자를 선택한다. 이러한 과정을 통해 기업의 조직 문화는 더욱 강화되는 피드백 현상이 나타난다. 성 선별 과정이 기업 문화 형성에 잘 적용된다. 기업의 수익성 측면에서 해로운 조직 문화가 형성될 수 있다. 물론 수익성에 이로운 조직 문화도 마찬가지로 강화된다. 다만 환경이 변할 때 지나치게 강화된 조직 문화는 유연성을 발휘하기 힘들다.

chapter 14

나오며

근대 사상가들이 생각한 '개인'

경제학의 흐름을 파악하자

호모 이코노미쿠스 신화

합리적으로 비합리적인

사회적 선호

진화적 기원을 찾아서

중요한 것은 절차와 과정

개인인가 집단인가

내 마음의 신경 회로

본성인가 양육인가

내 안에 또 다른 나

개인과 집단

경제학에서의 개인

이제 이 책의 내용을 정리할 시간이다. 앞서 살펴본 내용을 떠올려 보고 의미를 곱씹어 보자.

근대 사상가들이 생각한 '개인'

근대 철학자들은 개인에 주목하였다. "나는 생각한다, 고로 나는 존재한다." 근대 사상에서 주체로서 개인의 위치를 보여 주는 데카르트의 명제이다. 고대와 중세 사상 속에서 절대적 진리를 담보하는 것은 신 또는 절대적 존재였다. 이제 그 자리에 개인이 들어섰다. 근대 철학의 기반이 된 생각하는 개인은 합리적이다. 합리적 개인이 사상의 출발점이다. 비합리적 개인은 사상의 기반이 되기에는 부족하기 때문이다.

근대 이후 철학은 합리적 개인에 대해 의문을 가진다. 개인은 사회의 영향을 받는다. 자율적이고 독립적인 개인은 현실에서 보기 어렵다. 개인을 둘러싼 사회 구조가 개인을 설명한다. 추상적인 의미에서 개인은 확실한 주체일지 모르나 구체적인 현실 속에서의 개인은 그다지 믿을 만하지 않다.

경제학의 흐름을 파악하자

근대 사상의 개인 개념은 근대 경제학에 이어진다. 19세기 신고전파 경제학에 따르면, 개인은 합리적이고 일관된 의사 결정을 한다. 합리적 개인들이 모여서 합리적 결정을 내린다. 합리적 개인을 근거로 경제 현상을 분석한다.

물론 처음부터 경제학이 이런 모습은 아니었다. 경제학의 시작을 알린 18세기 고전파 경제학과 그 뒤를 잇는 19세기 마르크스 경제학은 합리적이고 독립적인 개인보다 계급 속의 개인에 주목하였으며, 개인을 둘러싼 사회 구조의 성격을 중시하였다.

호모 이코노미쿠스 신화

경제학에서 합리적 개인의 대표적 특성은 일관성이다. 일관된 판단과 일관된 의사 결정을 통해서 개인의 성격은 파악된다. 또한 합리적 경제인에 관한 명시적 조건은 아니지만 일반적으로 자신의 이득을 위해 최선을 다한다고 가정한다.

문제는 현실에서 개인은 합리적이지 않다는 것이다. 비현실적 개인을 상정하고 논리를 전개한 이론은 현실을 잘 설명하기 어렵다. 따라서 신고전파 경제학의 합리적 개인 가설은 많은 비판을 받았다. 개인 자체에만 집중하기에 개인과 집단의 관계, 개인과 개인의 관계를 무시하였다는 비판이 있었다. 최근에는 개인의 합리성 자체에 대한 비판이 주목받고 있다.

합리적으로 비합리적인

행동경제학은 주로 심리학 연구를 활용해서 신고전파 경제학의 합리적 개인 개념을 비판한다. 심리학에 따르면, 현실에서 개인이 행동과 판단을 할 때 다양한 편향을 보인다. 이러한 편향은 합리적 개인에게는 나타나지 않을 비합리적인 모습이다. 또한 이러한 편향은 일관되게 나타난다. 일관적으로 비합리적이다.

행동경제학의 전망 이론에 따르면, 사람의 마음에는 정서적인 시스템 1과 이성적인 시스템 2가 존재한다. 베스트셀러『넛지』에 따르면, 중요한 의사 결정은 시스템 2가 담당하도록 유도하는 정책을 펼쳐야 한다. 이는 행동경제학도 합리적 개인을 이상적인 개인으로 간주한다는 의미이고, 합리적 개인 가설에서 벗어나지 못하였다는 한계를 보여 준다.

사회적 선호

합리적 개인 가설에서 개인은 자신의 이득을 우선시한다. 하지만 현실에서 인간은 타인에 대해 관심이 많다. 사회적 선호는 타인에 관한 관심이 반영된 선호이다. 공정성과 불평등에 관한 선호와 함께 강한 상호성이 대표적이다. 강한 상호성은 나에게 호의적인 타인에게 호의적으로, 적대적인 타인에게 적대적으로 대하는 성향이다. 나아가 나에게 비용이 들더라도 공정성과 같은 사회적 규범을 어기는 사람을 처벌하고자 하는 성향이다.

합리적 개인 가설로 설명하지 못하는 많은 현상이 사회적 선호 가설로 설명할 수 있다. 개인은 자기 이득도 생각하지만 타인 몫에도 관심이 많다. 현실의 개인은 복잡한 의지와 동기를 지니고 있다.

진화적 기원을 찾아서

생존을 위해서 개인은 자신의 이득을 최대화한다. 그런데 현실에서는 사회적 선호가 발현되는 모습을 보게 된다. 어찌 된 일일까? 왜 사람은 남의 일에 관심이 많은 걸까?

진화 이론을 통해서 인간의 현재 모습을 설명할 수 있다. 오랜 기간 자연 선별을 통해 형성된 개인의 특성이 어디에서 나온 것인지는 진화 과정을 분석해서 파악할 수 있다. 사회적 선호의 기원도 진화 과정 분석을 통해 탐색한다. 사회적 선호를 지닌 개인은 자신의 이득만 추구하는 개인보다 생존 가능성은 작을지 모른다. 하지만 사회적 선호를 지닌 개인이 지배적인 집단은 그렇지 않은 집단보다 우세하다. 이런 방식으로 사회적 선호는 살아남을 수 있다.

중요한 것은 절차와 과정

합리적 개인 가설에서 개인은 여러 대안을 비교하고 결정할 때 그 대안이 가져오는 결과를 비교한다. 판단의 기준은 결과이다. 반면 결과가 좋지 않더라도 과정과 절차가 공정하면 만족스러울 수 있다. 과정을 중시하는 선호 시스템, 절차에서 만족을 느끼는 효용 개념 등은 이러한 사람들의 성향을 잘 설명한다.

결과에만 주목하는 이론은 한계가 있을 수밖에 없다. 결과뿐 아니라 과정과 절차도 중요시하는 이론을 통해 현실을 더 잘 설명하고 이해할 수 있다. 또한 이러한 이론을 바탕으로 한 정책이 현실에 더 적합할 것이다.

개인인가 집단인가

전통적으로 진화 이론에서 자연 선별의 단위는 개인 또는 개체이다. 환경에 적합한 개체가 생존하고 번식한다. 진화생물학의 기본 원리이다. 그렇지만 인간 세상뿐 아니라 자연 생태계에서도 풀리지 않는 미스터리가 존재한다. 사회적 선호 가설에서 볼 수 있는 이타적 행동이 바로 그것이다. 자신을 희생하고 남을 위해 행동하는 것은 자신의 생존에는 도움이 되지 않는다. 어떻게 이타적 행동은 진화 과정에서 살아남을 수 있는 것인가?

개인 선별이 아닌 집단 선별로 이타적 행동을 설명할 수 있다. 집단 내 개인 간 경쟁도 고려해서 현재는 다수준 선별 이론으로 이타적 행동을 설명한다. 이타적 개인이 지배적인 집단이 생존한다. 또한 집단 내에서는 이타적 개인이 생존할 수 있는 메커니즘이 존재한다.

내 마음의 신경 회로

행동경제학의 인지 편향, 사회적 선호 이론의 강한 상호성 등은 개인의 뇌에서 벌어지는 일이다. 이러한 현상을 설명하려면 신경과학의 뇌 연구를 활용해야 할 것이다. 이러한 연구 작업을 신경경제학에서 진행하고 있다.

전형적인 신경경제학 연구는 실험 참가자의 뇌를 촬영해서 신경 네트워크의 어느 영역이 활성화되는지 확인한다. 이를 통해 자극에 대한 반응, 이기적 동기와 이타적 동기, 보상을 추구하는 방식 등에 대해 여러 가지 가설을 확인할 수 있다. 지속적인 기술의 발달은 좀 더 정교한 확인을 가능하게 한다.

본성인가 양육인가

내가 공부를 잘하는 것은 높은 지능을 갖도록 한 유전자의 힘인가, 아니면 열심히 공부하도록 동기 부여를 한 부모님의 양육 방식

덕분인가? 본성 대 양육 논쟁은 학계뿐 아니라 대중에게도 관심의 대상이다. 전반적인 결론은 둘 다 영향을 미친다는 것이다.

가정에서의 양육, 사회 환경과 학습이 인간의 특성을 만드는 한 축이라면, 또 다른 축은 선천적인 특성, 타고난 유전자이다. 유전경제학은 유전학의 발달에 힘입어 개인의 특성과 집단의 성과 등에서 유전적 요인의 영향을 탐구한다. 신경경제학과 유전경제학은 비슷한 방식으로 유사한 주제를 탐구한다.

내 안에 또 다른 나

근대 철학의 출발점이 된 개인 개념은 개인의 무의식이 중요한 주제가 되면서 확실한 기반을 잃어 가고 있다. 이는 철학과 심리학에서 다중 자아 개념이 관심을 두는 이유가 되기도 한다. 개인은 단일한 개체가 아니라 여러 개체가 공존하는 집단이다.

다중 자아 문제는 경제학에서도 탐구된다. 특히, 시점 간 선택의 문제에서 명확하게 드러난다. 다중 자아 문제는 단순하게 인문학적 사유의 대상뿐 아니라 경제 현상을 설명하는 근거가 되고, 경제 정책에 있어서 고려 대상이 되기도 한다.

개인과 집단

방법론적 개인주의와 방법론적 전체주의, 개인 선별과 집단 선별 등 많은 논쟁에서 개인과 집단은 중요한 주제이다. 다중 자아 이론처럼 개인을 집단으로 이해한다면 개인과 집단의 경계는 복잡하다. 경제학과 함께 철학, 심리학, 사회학, 진화생물학, 신경과학, 유전학 등 다양한 학문에서 이 문제는 정교하게 다루어지고 있다.

개인을 집단으로 이해한다면 기존에 집단을 이해하려는 이론들은 개인을 이해하는 데 유용할 것이다. 경제학에서 기업은 하나의 개인처럼 다루어지다가 점점 더 복잡한 의사 결정 과정을 분석하는 데 노력하고 있다. 기업지배구조 이론의 발달은 이러한 노력을 잘 보여 준다. 이제 집단을 분석하는 이론은 개인 분석에 유용한 도구로 활용되어야 하지 않을까?

경제학에서의 개인

개인이라는 존재는 명확하지 않다. 개인과 집단의 경계도 확실하지 않다. 합리적 개인은 현실에서 존재하지 않는다. 개인은 내부에 다양한 개인들을 품고 있다. 개인은 집단이다. 철학, 심리학, 인지과학, 신경과학, 유전학, 진화생물학 등 다양한 학문 분야에서 이를 입증하고 있다. 경제학도 이러한 논의를 진행하고 있다.

나는 어떻게 결정하는가? 나는 내 뜻대로 결정하는가? 기존 주류 경제학에서 개인은 합리적 개인이라는 단순한 모델로 이해된다. 하지만 집단의 의사 결정이 단순하지 않듯 사람의 의사 결정도 단순하지 않다. 복잡한 개인은 복잡하게 이해하고 분석해야 한다. 다양한 학문의 협동을 통해 이러한 연구는 진행 중이고 향후 더 발전할 것으로 기대된다.

참고문헌

이상훈, 「진화경제학」, 홍훈 외, 『최근 경제학의 10가지 흐름』, 해남, 2024, 제5장.

______, 「신경경제학」, 홍훈 외, 『최근 경제학의 10가지 흐름』, 해남, 2024, 제6장.

______, 「유전경제학」, 홍훈 외, 『최근 경제학의 10가지 흐름』, 해남, 2024, 제7장.

이상훈·황재홍, 「진화 이론과 신경과학을 통해 본 아담 스미스」, 『아태경상저널』, 11(3), 2019, pp. 18~46.

홍 훈, 『홍훈 교수의 행동경제학 강의』, 서해문집, 2016.

황재홍·조필규·이상훈, 「인간의 협조적 행위와 강한 상호성에 대한 문헌연구」, 『사회경제평론』, 45, 2014, pp. 7~46.

Addis, D. R., A. T. Wong, and D. L. Schacter, "Remembering the past and imagining the future: common and distinct neural substrates during event construction and elaboration," *Neuropsychologia*, 45, 2007, pp. 1363~1377.

Andreoni, J., "Why Free Ride? Strategies and Learning in Public Goods Experiments," *Journal of Public Economics*, 37, 1988, pp. 291~304.

______, "Cooperation in Public-Goods Experiments: Kindness or Confusion?," *American Economic Review*, 85(4), 1995, pp. 891~904.

Avinun, R., S. Israel, I. Shalev, I. Gritsenko, G. Bornstein, R. P. Ebstein, and A. Knafo, "AVPR1A variant associated with preschoolers' lower altruistic behavior," *PLoS One*, 6(9), 2011, e25274.

Baron-Cohen, S., A. M. Leslie, and U. Frith, "Does the autistic child have a 'theory of mind'?," *Cognition*, 21(1), 1985, pp. 37~46.

Benenson, J. F., J. Pascoe, and N. Radmore, "Children's altruistic behavior in the dictator game," *Evolution and Human Behavior*, 28(3), 2007, pp. 168~175.

Benz, M. and B. S. Frey, "Being independent is a great thing: Subjective evaluations of self-employment and hierarchy," *Economica*, 75(298), 2008a, pp. 362~383.

______, "The value of doing what you like: Evidence from the self-employed in 23 countries," *Journal of Economic Behavior and Organization*, 68(3-4), 2008b, pp.

445~455.

Berle, Jr., A. A. and G. Means, *The Modern Corporation and Private Property*, New York: Macmillan, 1932.

Berns, G. S. and S. E. Moore, "A neural predictor of cultural popularity," *Journal of Consumer Psychology*, 22(1), 2012, pp. 154~160.

Botzung, A., E. Denkova, and I. Manning, "Experiencing past and future personal events: Functional neuroimaging evidence on the neural bases of mental time travel," *Brain & Cognition*, 66, 2008, pp. 202~212.

Chen, S. X. and M. H. Bond, "Two languages, two personalities? Examining language effects on the expression of personality in a bilingual context," *Personality and Social Psychology Bulletin*, 36(11), 2010, pp. 1514~1528.

Choi, J. and S. Bowles, "The coevolution of parochial altruism and war," *Science*, 318(5850), 2007, pp. 636~640.

Coase, R., "The Nature of the Firm," *Economica*, 4(16), 1937, pp. 386~405.

Cournot, A. A., *Researches into the Mathematical Principles of Wealth*, New York: A. M. Kelley, 1838.

Cutler, D. M. and E. Glaeser, "What Explains Differences in Smoking, Drinking, and Other Health-Related Behaviors?," *American Economic Review*, 95(2), 2005, pp. 238~242.

D'Argembeau, A., G. Xue, Z. L. Lu, M. Van der Linden, and A. Bechara, "Neural correlates of envisioning emotional events in the near and far future," *Neuroimage*, 40(1), 2008, pp. 398~407.

Darwin, C., *On the Origin of Species*, 1859.

_____, *The Descent of Man, and Selection in Relation to Sex*, 1871.

Davis, J. B., *The Theory of the Individual in Economics: Identity and Value*, Routledge, 2003.

_____, *Individuals and Identity in Economics*, Cambridge University Press, 2011.

Dawkins, R., *The Selfish Gene*, Oxford University Press, 1976.

de Quervain, D. J., U. Fischbacher, V. Treyer, M. Schellhammer, U. Schnyder, A. Buck, and E. Fehr, "The neural basis of altruistic punishment," *Science*,

305(5688), 2004, pp. 1254~1258.

Eisenberger, N. I., "The neural bases of social pain: evidence for shared representations with physical pain," *Psychosomatic Medicine*, 74(2), 2012, pp. 126~135.

Falk, E. B., E. T. Berkman, and M. D. Lieberman, "From Neural Responses to Population Behavior: Neural Focus Group Predicts Population-Level Media Effects," *Psychological Science*, 23(5), 2012, pp. 439~445.

Falk, E. B., E. T. Berkman, T. Mann, B. Harrison, and M. D. Lieberman, "Predicting Persuasion-Induced Behavior Change from the Brain," *Journal of Neuroscience*, 30(25), 2010, pp. 8421~8424.

Fehr, E. and S. Gächter, "Fairness and Retaliation: the Economics of Reciprocity," *Journal of Economic Perspectives*, 14(3), 2000, pp. 159~181.

______, "Altruistic Punishment in Humans," *Nature*, 415, 2002, pp. 137~140.

Fehr, E. and U. Fischbacher, "Third-party punishment and social norms," *Evolution and Human Behavior*, 25(2), 2004, pp. 63~87.

Frey, B. S. and A. Stutzer, "Happiness Prospers in Democracy," *Journal of Happiness Studies*, 1(1), 2000, pp. 79~102.

Frith, C. D. and U. Frith, "The neural basis of mentalizing," *Neuron*, 50(4), 2006, pp. 531~534.

Fudenberg, D. and P. A. Pathak, "Unobserved Punishment Supports Cooperation," *Journal of Public Economics*, 94(1-2), 2010, pp. 78~86.

Gabay, A. S., J. Radua, M. J. Kempton, and M. A. Mehta, "The Ultimatum Game and the brain: a meta-analysis of neuroimaging studies," *Neuroscience & Biobehavioral Reviews*, 47, 2014, pp. 549~558.

Gale, J., K. Binmore, and L. Samuelson, "Learning to be Imperfect: the Ultimatum Game," *Games and Economic Behavior*, 8, 1995, pp. 56~90.

Hsueh, B. *et al.*, "Cardiogenic control of affective behavioural state," *Nature*, 615, 2023, pp. 292~299.

Inoue, Y., R. P. Burriss, and T. Hasegawa *et al.*, "Testosterone promotes dominance behaviors in the Ultimatum Game after players' status increases," *Scientific Reports*, 13, 2023, 18029.

Jackson, P. L., A. N. Meltzoff, and J. Decety, "How do we perceive the pain of others? A window into the neural processes involved in empathy," *Neuroimage*, 24(3), 2005, pp. 771~779.

Kahneman, D. and A. Tversky, "Prospect Theory: An Analysis of Decision under Risk," *Econometrica*, 47(2), 1979, pp. 263~292.

Keats, B., "Genetic Structure of the Indigenous Populations in Australia and New Guinea," *Journal of Human Evolution*, 6(4), 1977, pp. 319~339.

King-Casas, B., D. Tomlin, C. Anen, C. F. Camerer, Steven R. Quartz, and P. R. Montague, "Getting to Know You: Reputation and Trust in a Two Person Economic Exchange," *Science*, 308(5718), 2005, 78~83.

Kliemann, D. and R. Adolphs, "The social neuroscience of mentalizing: challenges and recommendations," *Current Opinion in Psychology*, 24, 2018, pp. 1~6.

Knafo, A., S. Israel, A. Darvasi, R. Bachner-Melman, F. Uzefovsky, L. Cohen, E. Feldman, E. Lerer, E. Laiba, Y. Raz, L. Nemanov, I. Gritsenko, C. Dina, G. Agam, B. Dean, G. Bornstein, and R. P. Ebstein, "Individual differences in allocation of funds in the dictator game associated with length of the arginine vasopressin 1a receptor RS3 promoter region and correlation between RS3 length and hippocampal mRNA," *Genes, Brain and Behavior*, 7(3), 2008, pp. 266~275.

Knoch, D., F. Schneider, D. Schunk, M. Hohmann, and E. Fehr, "Disrupting the Prefrontal Cortex Diminishes the Human Ability to Build a Good Reputation," *PNAS*, 106(49), 2009, pp. 20895~20899.

Knutson, B., S. Rick, G. E. Wimmer, D. Prelec, and G. Loewenstein, "Neural predictors of purchases," *Neuron*, 53(1), 2007, pp. 147~156.

Koenigs, M. and D. Tranel, "Irrational economic decision-making after ventromedial prefrontal damage: evidence from the Ultimatum Game," *Journal of Neuroscience*, 27(4), 2007, pp. 951~956.

Kosfeld, M., M. Heinrichs, and P. Zak *et al.*, "Oxytocin increases trust in humans," *Nature* 435, 2005, pp. 673~676.

Krammer, S. M. S. and E. Gören, "Wired in? Genetic traits and entrepreneurship around the world," *Technological Forecasting and Social Change*, 168, 2021, 120788.

Lee, J. J. *et al.*, "Gene discovery and polygenic prediction from a genome-wide association study of educational attainment in 1.1 million individuals," *Nature Genetics*, 50, 2018, pp. 1112~1121.

Lee, S., "Procedural Utility Theory in Historical Perspective," presented at The 14th Annual Conference of the European Society for the History of Economic Thought (ESHET), 2010.

Maguire, E. A., D. G. Gadian, I. S. Johnsrude, C. D. Good, J. Ashburner, R. S. Frackowiak, and C. D. Frith, "Navigation-related structural change in the hippocampi of taxi drivers," *PNAS*, 97(8), 2000, pp. 4398~4403.

Marshall, A., *Principles of Economics*, London: Macmillan, 1890.

McCabe, K., D. Houser, L. Ryan, V. Smith, and T. Trouard, "A functional imaging study of cooperation in two-person reciprocal exchange," *PNAS*, 98, 2001, pp. 11832~11835.

Mill, J. S., *Utilitarianism*, London: Parker, Son & Bourn, West Strand, 1861.

Miu, A. C., L. G. Crişan, A. Chiş, L. Ungureanu, B. Drugă, and R. Vulturar, "Somatic markers mediate the effect of serotonin transporter gene polymorphisms on Iowa Gambling Task," *Genes, Brain and Behavior*, 11(4), 2012, pp. 398~403.

Plassmann, H., J. O'Doherty, B. Shiv, and A. Rangel, "Marketing actions can modulate neural representations of experienced pleasantness," *PNAS*, 105(3), 2008, pp. 1050~1054.

Pujara, M. S., R. C. Wolf, M. K. Baskaya, and M. Koenigs, "Ventromedial prefrontal cortex damage alters relative risk tolerance for prospective gains and losses," *Neuropsychologia*, 79(PtA), 2015, pp. 70~75.

Ramírez-Esparza, N., S. D. Gosling, V. Benet-Martínez, J. P. Potter, and J. W. Pennebaker, "Do bilinguals have two personalities? A special case of cultural frame switching," *Journal of Research in Personality*, 40(2), 2006, pp. 99~120.

Rilling, J. K., D. A. Gutman, T. R. Zeh, G. Pagnoni, G. S. Berns, and C. D. Kilts, "A Neural Basis for Social Cooperation," *Neuron*, 35(2), 2002, pp.

395~405.

Robbins, L., *Essay on the Nature and Significance of Economic Science*, London: Macmillan, 1932.

Saarinen, A., I. P. Jääskeläinen, V. Harjunen, L. Keltikangas-Järvinen, I. Jasinskaja-Lahti, and N. Ravaja, "Neural basis of in-group bias and prejudices: A systematic meta-analysis," *Neuroscience & Biobehavioral Reviews*, 131, 2021, pp. 1214~1227.

Sanfey, A. G., K. J. Rilling, J. A. Aronson, L. E. Nystrom, and J. D. Cohen, "The Neural Basis of Economic Decision-Making in the Ultimatum Game," *Science*, 300(5626), 2003, pp. 1755~1758.

Schaefer, M., L. Cherkasskiy, C. Denke, C. Spies, H. Song, S. Malahy, A. Heinz, A. Ströhle, M. Schäfer, N. Mianroudi, and J. A. Bargh, "Empathy-Related Brain Activity in Somatosensory Cortex Protects From Tactile Priming Effects: A Pilot Study," *Frontiers in Human Neuroscience*, 14, 2020, 142.

Sen, A., "Utilitarianism and welfarism," *Journal of Philosophy*, 76(9), 1979, pp. 463~489.

______, "Rationality and social choice," *American Economic Review*, 85(1), 1995, pp. 1~24.

Sharot, T., A. M. Riccardi, C. M. Raio, and E. A. Phelps, "Neural mechanisms mediating optimism bias," *Nature*, 450, 2007, pp. 102~105.

Sijtsma, H., N. C. Lee, B. R. Braams, M. Hollarek, R. J. Walsh, M. van Buuren, and L. Krabbendam, "The development of adolescent trust behavior," *Journal of Experimental Child Psychology*, 231, 2023, 105653.

Smith, A., *The Theory of Moral Sentiments*, 1759.

______, *An Inquiry into the Nature and Causes of the Wealth of Nations*, 1776.

Sunstein, C. R. and R. Thaler, *Nudge: Improving Decisions About Health, Wealth, and Happiness*, Penguin Publishing Group, 2008.

Szpunar, K. K., J. M. Watson, and K. B. McDermott, "Neural substrates of envisioning the future," *PNAS*, 104, 2007, pp. 642~647.

Takehana, A., D. Tanaka, M. Arai, Y. Hattori, T. Yoshimoto, T. Matsui, N.

Sadato, J. Chikazoe, and K. Jimura, "Healthy dietary choices involve prefrontal mechanisms associated with long-term reward maximization but not working memory," *Cerebral Cortex*, 34(7), 2024, bhae302.

Tversky, A. and D. Kahneman, "Extensional Versus Intuitive Reasoning: The Conjunction Fallacy in Probability Judgment," *Psychological Review*, 90(4), 1983, pp. 293~315.

Tyler, T. R., "Process utility and help seeking: What do people want from experts?," *Journal of Economic Psychology*, 27(4), 2006, pp. 360~376.

Veblen, T., "The instinct of workmanship and the irksomeness of labor," *American Journal of Sociology*, 4(2), 1898, pp. 187~201.

Wallace, B., D. Cesarini, P. Lichtenstein, and M. Johannesson, "Heritability of ultimatum game responder behavior," *PNAS*, 104(40), 2007, pp. 15631~15634.

Wang, Z., W. Smith, D. E. Major, and G. J. De Vries, "Sex and species differences in the effects of cohabitation on vasopressin messenger RNA expression in the bed nucleus of the stria terminalis in prairie voles (Microtus ochrogaster) and meadow voles (Microtus pennsylvanicus)," *Brain Research*, 650(2), 1994, pp. 212~218.

Wegener, J. S., K. Madsen, M. Christensen, and J. Jamison, "Parieto-temporal activation modulates pure time preference," presented at the Conference of Neuroeconomics, 2008.

Wynne-Edwards, V. C., *Animal Dispersion in Relation to Social Behavior*, New York: Hafner Pub. Co., 1962.

Zak, P. J., A. A. Stanton, and S. Ahmadi, "Oxytocin Increases Generosity in Humans," *PLOS ONE*, 2(11), 2007, e1128.

Zhong, S., S. Israel, I. Shalev, H. Xue, R. P. Ebstein, and S. H. Chew, "Dopamine D4 receptor gene associated with fairness preference in ultimatum game," *PLoS One*, 5(11), 2010, e13765.

찾아보기

ㄱ

가치 이론 · 38~39
간접적 상호성(indirect reciprocity) · 118~119
강한 상호성 · 99~100, 104~105, 107~109, 111~113, 123, 130, 132
개인 선별(individual selection) · 119~120, 155~156, 161
거울 뉴런(mirror neurons) · 243~245
경험론 · 15, 19, 22
공공재 게임 · 101~103, 111~113
공생(symbiotic) 관계 · 163
공생체(symbionts) · 239~240
과정 관련 선호(process-regarding preferences) · 139
관념론 · 23
구조주의 · 25~26, 28~29
군집행동 · 246
기업지배구조 · 248
긴티스(H. Gintis) · 99, 139

ㄴ

넛지(Nudge) · 86, 216

ㄷ

다수준 선별(multilevel selection) · 157~158, 164~165, 240, 250
다윈(C. Darwin) · 158~160, 168
다중 자아(multiple selves) · 215~216, 221~223, 229, 231, 235~237
대표성 편향 · 80~81
데카르트(R. Descartes) · 16
도파민 · 202~203
독재자 게임 · 100~101, 186, 205~206
들뢰즈(G. Deleuze) · 218

ㄹ

라이프니츠(G. W. Leibniz) · 18
라캉(J. Lacan) · 27
레비스트로스(C. Lévi-Strauss) · 27~28
로빈스(L. Robbins) · 59~60
로크(J. Locke) · 20
리오타르(J. Lyotard) · 218

ㅁ

마르크스(K. Marx) · 39~41
마셜(A. Marshall) · 54
마음 이론 · 187~190, 224~225
문화 전수 메커니즘 · 125~127
미셸(W. Mischel) · 219
밀(J. S. Mill) · 146~147

ㅂ

방법론적 개인주의 · 45~46, 48
방법론적 전체주의 · 45~46, 48~49
버클리(G. Berkeley) · 20
베버(E. Weber) · 55~56

베버(M. Weber) · 46~47
베블런(T. Veblen) · 145
베이컨(F. Bacon) · 19
벤담(J. Bentham) · 150
볼스(S. Bowles) · 99, 139
부르디외(P. Bourdieu) · 26
분트(W. Wundt) · 56

ㅅ

사이먼(H. Simon) · 68~69, 137~138
사회적 선호 · 97~99, 104~108, 227~228
상호적 이타성(reciprocal altruism) · 118
새뮤얼슨(P. Samuelson) · 57~58
생물학적 경제학 · 167
성 선별(sexual selection) · 167~169, 251
세로토닌 · 202~203
센(A. Sen) · 151
소쉬르(F. de Saussure) · 27
손실회피 · 76~77
스미스(A. Smith) · 38, 148~149
스콜라주의 · 36
스키너(B. F. Skinner) · 219
스피노자(B. Spinoza) · 17
시점 간 선택 · 185~186
신경 가소성 · 195
신경경제학 · 167, 174~175, 181~182, 224, 229~230
신경과학 · 173~174
신뢰게임 · 178~180, 191, 206~207, 229
실험심리학 · 55

ㅇ

아리스토텔레스(Aristotle) · 34~35, 88~89
아이오와 도박 과제 · 201
알튀세르(L. Althusser) · 28
앤절(A. Angyal) · 219
옥시토신 · 206~207
유전경제학 · 167, 207~210
유전자-문화 공진화(gene-culture coevolution) · 123~124, 161, 197
융(C. Jung) · 220
이중 시스템 · 82~85, 216
이중 언어 · 220~221

ㅈ

자연선별(natural selection) · 118
전망 이론(prospect theory) · 77
접근성 편향 · 79~80
정신화(mentalization) · 190~191, 224~225
제도경제학 · 144~146
죄수의 딜레마 · 66~67
주인-대리인 · 236~237
진화경제학 · 165
진화생물학 · 162
진화심리학 · 127~130
집단 · 241~242, 246
집단 선별(group selection) · 121~123, 155, 160

ㅊ

최후통첩 게임 · 95~97, 100~101, 105~106, 139, 176~177, 188~190, 203~204, 228~229
친족 선별(kin selection) · 120~121

ㅋ
칸트(I. Kant) · 23~24
케인스(J. M. Keynes) · 43~45
코즈(R. Coase) · 248
쿠르노(A. A. Cournot) · 53~54

ㅌ
타일러(T. Tyler) · 140

ㅍ
파레토(V. Pareto) · 57
파슨스(T. Parsons) · 26
페히너(G. Fechner) · 55~56
포스트모더니즘 · 218~219
푸코(M. Foucault) · 218
프라이(B. Frey) · 141
프레이밍 효과(framing effect) · 81~82
프로이트(S. Freud) · 238
프리드먼(M. Friedman) · 63, 73~74
플라톤(Plato) · 34

ㅎ
하이에크(F. von Hayek) · 47
한계혁명 · 41~43
합리론 · 15, 18, 22
합리적 선호 · 60~63
해밀튼(W. D. Hamilton) · 120
행동유전학 · 196~197
헤겔(G. W. F. Hegel) · 24
헤라클레이토스(Heraclitus) · 217
호지슨(G. Hodgson) · 167
흄(D. Hume) · 20~22, 217
히브리 사상 · 35~36